La Luz de la Esperanza
Un Nuevo Amanecer
La Tierra Prometida

La Luz de la Esperanza
Un Nuevo Amanecer
La Tierra Prometida

Jaime Torijano Escobar

Primera Edición: Febrero 2021
Colaboración:
Diseño de Caratula y Diagramación: Bryan Aritizábal Fernandez
Arte Libro Editores / Grupo Smart Ideas S.A.S.
Impresión y Acabado: Arte Libro Editores / Grupo Smart Ideas S.A.S.
Calle 20 # 1-20 / Tel.: 888 1932
WEB: www.smartideas.com.co
Mail: noecastro@smartideas.com.co
Cali - Colombia

ISBN: 978-958-49-0691-5
Impreso en Colombia
Printed in Colombia
Queda hecho el depósito legal

ÍNDICE

INTRODUCCIÓN

La temática de este libro busca despertar la conciencia de los seres humanos en el amor incondicional hacia el prójimo, para que todos vibren en una mejor frecuencia y entren en armonía espiritual con el universo, para que haya en la tierra, desde este principio de amor en el corazón de los hombres, haya paz por todos los lugares del planeta por donde se desplacen. La información que trae este libro es el querer de nuestro Padre celestial, que los seres humanos eleven su conciencia espiritual con el acompañamiento del mundo espiritual y la de sus guías y protectores espirituales, respetándole el libre albedrío a cada ser en la tierra y en el espacio infinito, ayudarlo a encontrar la luz de la esperanza, para que tenga un nuevo amanecer y haga de la tierra el hábitat que Dios quiere para todos sus hijos, una tierra llena de paz y armonía espiritual; de allí la necesidad de que lleguen nuevas legiones de espíritus, con misiones específicas encomendadas por el padre amoroso, para que se ayuden mutuamente con los que han antecedido su nacimiento y tal vez están haciendo tránsito por el camino equivocado y están en peligro de ver fracasar sus pruebas y la misión por la que nacieron; esta es la valiosa ayuda que Dios les envía desde el espacio infinito a los seres humanos; con cada nueva generación que va llegando a la vida, en una lógica renovación espiritual para la regeneración terrenal, cada día seguirán llegando nuevos espíritus de mucho progreso y avanzada espiritualidad, para ayudarlos a salir del caos que han formado los indolentes en la tierra.

Este libro los invita a trabajar en unidad familiar para el perfeccionamiento moral de sus espíritus y les exige respeto por sus semejantes, el reino animal, vegetal y todo lo que les pueda dar la madre Tierra, igualmente se les pide luchar por la salvación de la raza humana y la salvaguarda del planeta. Queremos que trabajen humildemente despojados de odio, de rencor, de envidia y de tanto mal que está enfermando el cuerpo material y le está causando aflicción a sus espíritus, por el caos que han formado los seres insensibles con sus hermanos, que cada día les están trayendo luto y dolor; ya es hora de que le presten la debida atención a todo lo que los está perturbando en su diario vivir, causándoles zozobra y dolor, para que corrijan lo que los está afectando y puedan seguir por el camino de la luz y de la verdad, no se contagien de lo que otros están haciendo mal, para que no se desvíen del camino y puedan fácilmente terminar sus pruebas y la misión por la que nacieron. Ama a tu prójimo como a ti mismo en el amor incondicional hacia ellos y todo lo que los rodea, desde la misma naturaleza y el espacio exterior que cada día los seres humanos lo están contaminando con sus satélites y la basura espacial que están dejando allá. Esta es una voz de aliento que les damos desde el espacio infinito, pidiéndoles para que trabajen unidos de la mano, para que construyan un mundo cada día mejor, para los que lo están habitando y para que los que van llegando no vayan a encontrar tantas dificultades en el momento de desarrollar sus proyectos de vida y puedan terminar la misión por la que nacieron. Los invitamos a darse la mano con su semejante para que trabajen como en una sola familia y puedan vivir en paz y en armonía con lo que tienen, con lo que los rodea y con lo que puedan ir alcanzando de progreso espiritual; cada cual está en el lugar indicado y tiene lo que pidió en el espacio infinito para su estadía transitoria en la tierra y concedido según su merecimiento. Los invitamos asimismo a ir comprendiendo que nada en vuestra existencia terrenal es casualidad, en ningún evento de la vida que se les presente; les pedimos por favor que luchen por la salvación de la especie humana, la salvaguarda del planeta y de su espacio exterior, para que se minimicen los riesgos de su eventual desaparición de la faz de la tierra. El amor incondicional es innato en todos los espíritus y es el patrón moral a seguir por todos los hombres en la tierra. Por favor, sientan el dolor ajeno colocándose en los zapatos de ellos para que sean solidarios.

Con sus enseñanzas este libro viene a llenar en parte el vacío que hay entre el mundo espiritual y el mundo terrenal, para que se convenzan de que hay algo más allá de la vida misma y para que estando esos dos mundos en completa comunicación haya armonía espiritual entre todos los seres humanos y el universo que los rodea y pueda el mundo espiritual en cualquier momento auxiliarlos cuando así lo requieran. Las ayudas espirituales son parte de la esperanza que tienen los seres humanos de poder resolver sus problemas y hacer cada día un mundo mucho mejor y renovado, con las energías que circulan y recorren todo el universo y es la gran necesidad del Padre creador que todos los seres humanos se preparen en el amor para hacer llegar con la ayuda de nuestros hermanos mayores sus mensajes a la tierra desde el mundo espiritual. Por ello cada día está permitiendo que lleguen nuevas legiones de espíritus, con una luz de esperanza para los hermanos que ya han nacido y advierten su existencia perdida en el mundo material y a punto de fracasar en sus pruebas, por lo poco que están haciendo con su vida al no dedicarse a buscar el fortalecimiento espiritual, para no seguir en el camino equivocado causándoles pena y dolor a sus semejantes.

Estas notas son la luz de la esperanza de un nuevo amanecer para los que están perdidos y necesitan de una ayuda ya sea espiritual o material, para salir adelante en lo que están haciendo o se propongan hacer. Dios los siga bendiciendo y ayudándolos a seguir por un buen camino y ojalá sea por el camino de la luz y de la verdad para que alcancen prosperidad espiritual y sus espíritus sean ascendidos por los logros obtenidos durante su existencia terrenal.

La Luz de la Esperanza

Cada nueva legión de espíritus que va partiendo desde el mundo espiritual hacia el mundo material, con nuevas misiones y pruebas que cumplir, hace parte de las nuevas generaciones que van llegando a la vida para realizar su proyecto de vida y cumplir con la tarea y las razones que traen consigo, por las que van a nacer. Son la luz de la esperanza para los que ya han nacido y les llevan la delantera trabajando por una justa causa espiritual en el mundo terrenal.

Por efecto del libre albedrío, algunos de ellos se han desviado del camino y del objetivo primordial por el que nacieron y tal vez están al borde de fracasar en sus pruebas, pero tienen una Luz y Esperanza de auxilio con los que van llegando o en los que han antecedido su nacimiento y están brillando en lo que hacen en el mundo terrenal, para que los oriente o les preste una ayuda ya sea espiritual o material, para volverse a encauzar según su necesidad. Tal vez usted haya escogido el camino espiritual para evolucionar y seguir ascendiendo, buscando paz y armonía espiritual para su espíritu, de acuerdo a su patrón de vida ya preestablecido en el mundo espiritual, honrando con este proceder el compromiso adquirido desde un principio con nuestro Padre celestial, sus guías y protectores espirituales, junto con el grupo de familiares y amigos que los acompañaren durante su existencia terrenal.

Manos a la obra hermanos, aprovechen esta gran oportunidad que tienen y que les ha dado el Padre creador y la vida, trabajen en unidad familiar, para que pongan en orden la espiritualidad que poseen, con el aprendizaje que van a tener en el mundo terrenal y lo que tal vez puedan recordar en las salidas espirituales efectuadas mediante el sueño; no se apeguen tanto a los bienes materiales, ni a los placeres mundanos que puedan experimentar con su cuerpo carnal, para que no vayan a tener inconvenientes espirituales en el futuro, con más deudas kármicas por redimir. Dios les dé mucha protección y sabiduría a los que han escogido este camino, para que hagan las cosas bien y las puedan terminar hasta finalizar su existencia terrenal y partan hacia el mundo espiritual llenos de alegrías y de glorias hacia al Padre creador, para que con sus logros puedan tener una nueva oportunidad de vida y si es la voluntad de Dios, puedan ascender hacia otra dimensión espiritual por los méritos recibidos y a la buena labor realizada durante la existencia terminada. Mientras tanto otros seres se han contaminado en el camino por apego a los bienes materiales y se dedicaron a los goces mundanos y a los placeres de la materia corporal, rompiendo con su mal proceder con el compromiso adquirido, atreviéndose a violar los parámetros espirituales que vienen desde un principio con el espíritu y por la influencia de la materia, procediendo inmediatamente y sin ningún temor a quebrantar las leyes espirituales y las de los seres humanos, olvidándose del proyecto que habían diseñado para la vida, en la búsqueda de progreso y de ascenso espiritual.

Los seres humanos, a medida que van creciendo y transitando por el camino equivocado, se inclinan por la consecución de bienes materiales para alimentar su ego, empiezan por la avaricia a hacer lo que no es debido, influyendo esta debilidad de la materia, si no controlan su codicia, hasta en la pérdida de la vida misma. Esta es una de las tantas causas que hay de estancamiento espiritual, cuando el espíritu se ve comprometido en hechos de dolor y de tragedia, que ofenden al Padre creador y a sus semejantes, por estar haciendo mal uso de los bienes materiales que tienen, o a la mala adquisición de ellos si los han conseguido de forma ilegal. Quizás mañana los que están en la oscuridad a un lado del camino, haciendo daño y causándoles dolor a los demás, puedan ver la luz y se interesen por seguir despertando su latente espiritualidad y transiten por el camino de los bienaventurados y puedan seguir viendo la luz que desde lo alto está brillando para todos y empiecen de una vez a darle buen trato a sus semejantes, dejando a un lado tanta maldad y tanto odio. Despójense de la xenofobia, la homofobia, hagan a un lado la envidia, los celos, la calumnia, la mentira, el egoísmo, sean humildes en lo que hacen a diario, el orgullo de nada les ha de servir, simplemente los hace ver como unos prepotentes y los puede enfermar o meterlos en algún problema; no se aprovechen de la posición privilegiada que tienen, porque gozan de fama y dinero, para abusar de sus servidumbres, de los desvalidos o de las personas que te están prestando una buena ayuda material o espiritual; sean justos y equitativos, obrando en amor y justicia, cuídense los unos a los otros, para que no se hagan daño entre hermanos espirituales, para que no expongan sus materias a cualquier hecho de dolor que los pueda enlutar, dejando su tarea inconclusa. No pueden seguir inmersos, en los delitos que otros están causando, siendo cómplices de sus fechorías, en donde tal vez pueda estar involucrado alguno de vuestros familiares, que puedes reconvenir y concientizar para que no haga daños y afecte su futuro espiritual.

Hay tantas cosas que están afligiendo y estancando el progreso espiritual de vuestros hermanos terrenales, que en este libro no hay tanto espacio para irles desglosando poco a poco los males que cada día los están perjudicando, causándoles estancamiento espiritual por los hechos de dolor en que están inmersos; estos no los dejará ver la luz. Desde el mundo espiritual les insinuamos, propónganse a dejar tanta maldad, tanto odio, tanta envidia, tantas agresiones que se hacen cada día, para que en la tierra se mejoren las energías que circulan desde el espacio exterior alrededor de todos ustedes, hermanos, y así entrarían a vivir en un plano de mejor vibración y ambiente espiritual, en donde todos los seres humanos podrían vivir sin tantas necesidades y alejados de la maldad que los acosa y los entristece; a nadie lo cogería la noche sin ni siquiera desayunar. Ténganlo por seguro que si ustedes elevan su nivel espiritual y toman conciencia de lo que están haciendo mal y lo corrigen, otras clases de energías llegarían a la tierra y nuevas razas inteligentes del espacio exterior les ayudarían, porque no están solos en la inmensidad del universo y nuestros hermanos mayores están prestos a auxiliarlos en cualquier momento, pero deben de cambiar su modo de vivir y de discurrir en la vida cotidiana, dejando las agresiones que se están haciendo entre hermanos. Empiecen desde una vez a cambiar sus formas de hablar y de expresarse hacia los demás con palabras soeces, deben de ser castos en lo que piensan, en lo que hacen y en lo que dicen; qué bueno sería que mañana, nadie vendiera un órgano o su cuerpo para poder subsistir económicamente, mientras otros lo hacen por hábito, porque tal vez les gusta ganarse la vida de esa manera y no se dan cuenta de que todo lo que hacen por fuera de los parámetros espirituales, se convierte en un karma para el espíritu, que tendrá que pagar en cualquier momento o en una próxima existencia.

La única manera de buscar la purificación espiritual, es seguir vuestro camino con rectitud y honorabilidad, dos palabras muy dicientes que igualmente representan amor y dignidad entre los seres humanos como una de las bases para seguir ascendiendo en el amor hacia el prójimo;

ese es un mandato de Dios sobre la tierra, para que los seres humanos sigan los lineamientos espirituales que llegaron con ellos a la vida desde el espacio infinito. La voluntad de Dios es que nosotros como seres espirituales los guiemos en ese trasegar que les da la vida y les demos una mano, no queriendo decir con esto que sus obras son obras nuestras; allí es en donde prima el libre albedrío de cada ser espiritual y de los que ya están viviendo con un cuerpo material, para que hagan su tarea con plena libertad, sobre la ayuda que nosotros les podemos dar desde acá, desde el espacio infinito, ayuda que cada ser la puede tomar e interpretar a su manera. No obstante Dios les sigue brindando protección espiritual, por eso a cada uno de ustedes, desde el inicio de sus vidas, les ha asignado unos guías y protectores espirituales para que los acompañen y les brinden protección espiritual cuando lo necesiten, así usted lo pida con mucho amor y respeto; algunos seres humanos por su religión, culto o creencias pueden conocer o desconocer a estos guías espirituales invisibles como mi Ángel de la guarda, siendo este término el más usado por los seguidores de determinada religión.

Todos los espíritus que parten desde acá, desde el espacio infinito, han sido capacitados, entrenados y fortalecidos para enfrentar las duras pruebas por las que van a pasar durante la vida terrenal, de modo que puedan seguir su camino esquivando los diferentes obstáculos que se les van presentando durante la vida diaria, para que no caigan fácilmente en el camino y por la debilidad de su espíritu no vayan a flaquear en el propósito de vida que cada cual escogió, para desarrollar a su paso transitorio por la tierra en la búsqueda de la luz y de su ascenso espiritual con el continuo aprendizaje. Cualquier ser de los encarnados, por ser dueños del libre albedrío, se puede contagiar de lo que están haciendo los que viven en la oscuridad y hacen tránsito por el camino equivocado, impostura que en cualquier momento los puede llevar a caer en la desgracia, cuando se decidan por cometer cualquier tipo de arbitrariedad, hecho de violencia o de barbarie que los enlutan en el diario vivir.

Las personas que viven al margen de la ley no reconocen a quien van agredir o a quien van a ofender cuando desean conseguir un beneficio personal de manera ilegal, salen enceguecidos a ultrajar de sus hermanos, ofendiendo a Dios, a su amigo o semejante causándole dolor a sus familias por doquier, dejando viudas, huérfanos, hasta desplazados de sus terrenos por la ambición del que tiene el poder o del que lo quiere tener por las buenas o por las malas.

Dios Padre creador respeta el libre albedrío de cada ser encarnado y desencarnado, en cualquiera de los lugares en donde esté haciendo presencia espiritual, pero los hace responsables de sus actos, para que sean disciplinados en todo lo que hacen, invitándolos a no quebrantar las leyes espirituales, ni las de los hombres o las de cualquier otro espacio interplanetario en donde exista vida inteligente; por eso no crean que pueden hacer y deshacer de la obra de Dios cuando les plazca, como libres pensadores que se creen con el derecho de quitar y sumar. A Él todos les debemos sumisión y respeto, tanto seres encarnados para que teniendo larga vida puedan terminar la misión y la obra por la que nacieron, como desencarnados para que sus espíritus tengan luz y progreso espiritual y nuevas oportunidades de vida en un futuro inmediato, buscando a través de cada reencarnación, despertar la conciencia de todos los seres humanos que van llegando a la vida, para que sigan sumando experiencias con el continuo aprendizaje, para que mañana no tengan que regresar a enmendar un error del pasado, de su existencia precedente.

Estos acontecimientos de violencia y de dolor, que a veces enlutan con las tragedias que están causando los indolentes con su prójimo, se dan por no profesar el amor incondicional hacia el prójimo como vínculo afectivo de salvación, por la misma degradación moral que hay entre los seres humanos en la tierra, que no los está dejando prosperar y va afectando poco a poco el entorno terrenal con malas energías circundantes entre ellos, alterando el patrón de vida y el progreso espiritual de cada ser humano. Esto por la maldad que cada día los está agobiando más, haciendo de la tierra un lugar invivible para la naturaleza y los seres humanos, siendo que nuestros hermanos cósmicos de cualquier otra raza inteligente de afuera del espacio infinito que, los quieren ayudar desde hace mucho tiempo para remediar el caos que han formado los seres humanos en la tierra, pero no han podido algunos de los enviados por el Padre creador para hacerlo, por la misma perdición que hay entre los hombres, por ser de espíritus endurecidos, de prueba y de expiación de sus faltas, a causa de la baja vibración espiritual irradiada por ellos y los espíritus bajos que les hacen compañía y cada día los están arropando más, interfiriendo en la sana convivencia entre hermanos.

En este caos que han formado los seres humanos por la indisciplina, unos han perdido su existencia por la intolerancia de los que no quieren que haya personas iguales o superiores a ellas, otros a manos de los que no sienten el dolor ajeno y por quitarte alguna prenda o porque lo miraste mal apagan una vida, mientras algunos se han desviado del camino porque se contagiaron de la vida desenfrenada que se vive en la tierra, otros han abortado su misión porque la vislumbraron y se vieron en peligro de fracasar en su prueba y la misión que tenían; en estos casos siempre ha primado el libre albedrío de cada ser que ha llegado a cumplir una prueba o con una misión específica encomendada por el Padre creador; hasta el maestro Jesús hecho hombre flaqueó en su existencia terrenal y una de la más sutiles flaquezas fue cuando dudo del Padre y dijo ¿Padre por qué me has abandonado? Y la que los seres humanos no aceptan por la influencia religiosa, que ha cambiado muchos acontecimientos en la historia de la humanidad, como lo es el contacto que Él tenía con la hermana María Magdalena, que las religiones hasta hoy en día la hacen ver como una mujer cualquiera y ella era una mujer adinerada con autoridad, que influyo mucho en la vida del maestro Jesús de Nazaret. Dios respeta el libre albedrío de todos los seres humanos y también lo respeto de Jesús hijo de María de Nazaret y de José el carpintero.

Jesús, nuestro hermano mayor, siendo el hijo de Dios como cualquiera de todos nosotros, mayor en conocimiento, es presentado por las religiones a la humanidad, absurdamente, como el unigénito hijo de Dios. Jesús ha sido el hombre más relevante en la historia de la humanidad, el hijo nacido de María de Nazaret y de José el carpintero, una humilde pareja de esposos, por cuya espiritualidad Dios les dio la gracia de que naciera en el seno de esa hermosa familia, como le puede pasar a usted o a cualquier otra pareja, de buenos valores morales y espirituales, de llegar Dios a confiarle la gracia de que en su familia nazca una gran mujer u otro gran hombre como lo fue el maestro Jesús en su tiempo. Todos somos hijos del Padre creador, hechos a su imagen y semejanza, pero cada uno de nosotros somos individuales en pensamientos y en la responsabilidad de sacar cada proyecto de vida adelante. Ningún ser humano puede reemplazarte para sacar tu proyecto de vida adelante, el mérito debe ser tuyo, Dios le respeta el libre albedrío a todos sus hijos sin ninguna excepción.

Todos estos acontecimientos de dolor y de sufrimiento se seguirán dando si no mejoran su calidad de vida y no cambian su mala forma de obrar y de comportarse en la vida cotidiana; eleven su conciencia para que mejoren su nivel espiritual y tengan buenos sentimientos de amor hacia sus hermanos, para que a la tierra lleguen nuevas legiones de espíritus con la capacidad y las instrucciones precisas para ayudarlos a salir del estancamiento espiritual en que han caído y se mejoren las vibraciones espirituales en la tierra en todos los seres que la habitan, para que puedan hacer de la tierra un mejor lugar, asequible a muchas entidades que habitan en el espacio infinito, en una lógica renovación generacional y espiritual para que sigan trabajando en el amor incondicional hacia sus hermanos.

Estamos muy seguros de que, si los seres humanos no suben su nivel espiritual y vibran en una mejor frecuencia para pasar de una dimensión espiritual a otra, seguirán aumentando los hechos de dolor, los atropellos a que se ven sometidos los indefensos y los que se creen protegidos por cualquier ser humano armado. Cada día habrá más desorden sobre la tierra, si no le prestan la debida atención a los que están viviendo al margen de la ley haciendo daño; todo se volvería un caos si siguen en el descuido, se repetirían los hechos que han marcado la historia de la humanidad, de pagar justos por pecadores por las catástrofes naturales que han arrasado los campos y las ciudades, con una innumerable pérdida de vidas humanas, por cobros colectivos hacia una comunidad que no estaba haciendo las cosas bien y vibraba en una muy baja frecuencia espiritual por la maldad que la acosaba. La madre tierra también se sacude y se va encargando de depurar lo que la está afectando en su entorno natural, con huracanes, terremotos, maremotos, en donde los ríos y los mares buscan su cauce natural que han perdido por la mano de los hombres, que les va quitando espacio y vida estrechando su camino.

Otros hechos de caer justos por pecadores que los está enlutando, es cuando han salido líderes que buscan salvar a la humanidad y llevarla por un buen camino de amor, paz y armonía espiritual, y cuando estos líderes saltan a la palestra pública y se dan a conocer a los ojos de la humanidad, porque quieren salvar a los seres humanos de una posible hecatombe espiritual o material, como le pasó en su tiempo al maestro Jesús de Nazaret y a los que han ido naciendo y figurando en la historia humana, en lo poco que les han podido dejar hacer. Como les sucedió a Mahatma Gandhi, John F. Kennedy, Nelson Mandela, Martin Luther King, entre otros líderes de la edad contemporánea, unos han sido asesinados, otros encarcelados o están viviendo en el exilio y estos actos de dolor los han vuelto hasta rutinarios hasta hoy en día ¿Cuántas personas de bien que los quieren guiar y llevarlos por un buen camino, tienen que caer cuando van aceptar a los hombres que los quieren sacar del abismo en que cada día están cayendo? ¿A cuántos seres más, que les están brindando su ayuda espiritual o material, dándoles una luz de esperanza para que salgan adelante, van a seguir sacrificando por el odio, por la intolerancia, porque creen que había que quitarlos del camino, de una forma o de otra, o lo confinan en un centro carcelario y mientras a otros   los obligan a vivir en el destierro? No pueden seguir apagando la luz de quien en cualquier momento los puede socorrer y les está dando una esperanza para un mejor mañana, ya sea con ayuda espiritual o material, por favor no cercenen la mano amiga que les está dando de comer y se las está brindando para guiarlos por un buen camino.

Los seres humanos no están respetando vuestras leyes materiales y mucho menos las espirituales como patrón moral innato, que vienen del mundo espiritual con el espíritu desde mucho antes del nacimiento, por el mismo recorrido emprendido a través de sus existencias precedentes, para que todos los seres humanos sigan un patrón de vida, se respeten, vivan sin discordia en armonía espiritual y sigan por el camino de la luz y de la verdad. Cuando le dan buena observancia y buen manejo a vuestras leyes terrenales y a las espirituales, que son las que trae el espíritu en su periplo por la tierra, se está evitando una pena privativa de la libertad, cuando se trata de las leyes establecidas por los hombres, que nacieron para que tengan una buena conducta moral ante la sociedad y van ligadas a un estancamiento espiritual, al quebrantar la ley de Dios como patrón moral innato en el espíritu, no pudiendo cumplir con la obra y la misión que se tenía diseñada para su estadía terrenal, por estar pagando una condena en una cárcel terrenal, de esa privación saldrás por las leyes de los hombres y allá al espacio infinito tu conciencia también se las llevará y a tu espíritu perturbará hasta que logres saldarlas. No violes sus leyes terrenales, ni las que trae el espíritu como reglas morales, síguelas literalmente para que no tengan un mal proceder y mal comportamiento con tus semejantes, influenciados tal vez por la baja conducta moral de los que te rodean o porque fue tu iniciativa por la no sabía aceptación de las leyes y por ello te meterás en un problema del cual no podrás salir fácilmente por mucho tiempo.

Todos nacen y llegan con el propósito de hacer las cosas bien, para no repetir la tarea y tener que regresar de nuevo en el futuro, eso lo saben muy bien y está grabado en el patrón de vida que trae cada ser al nacer. De usted depende seguir por un buen camino, para seguir aprendiendo y su espíritu avanzando y evolucionando, vibrando en una mejor frecuencia espiritual, o desviarse del camino por efecto del mismo libre albedrío y de una vez empezar a cometer fechorías, para causarle dolor a tus semejantes, sabiendo de antemano que el amor incondicional hacia el prójimo te representará progreso y ascenso espiritual; esta es una de las tantas razones emergentes, en cada nacimiento que se da en la tierra y la oportunidad que tiene cada espíritu de llegar a la vida a pagar una deuda kármica, para saldar una deuda del pasado y poder entrar en armonía espiritual con vuestros semejantes y con el mundo espiritual, cuando ya hayan saneado vuestras deudas de ley de causa y efecto y puedan partir hacia otro destino de mejor trascendencia espiritual para tu ser, habiendo conquistado con tus logros terrenales una nueva dimensión espiritual, con menos sufrimientos y sentimientos de apego a los bienes materiales y a la misma materia corporal que los hace sufrir y que los inconformes con su cuerpo, todos los días por la vanidad, la tratan de transformar si ningún pudor y hasta arriesgándose de perder la vida o de quedar incapacitado de por vida y no poder cumplir con la misión por la que nacieron.

Cada nuevo anochecer abriga una luz de esperanza para cada uno de ustedes, hermanos hijos de Dios, de mañana tener un mejor amanecer, lleno de luz y de prosperidad espiritual. En cada noche de sus vidas deben ponerse en las manos de Dios para que tengan un merecido descanso, para que puedan entrar en reposo con un sueño profundo para reconfortarse y retroalimentarse en el mundo espiritual por intermedio de los propios sueños que tienen, para que así puedan tener un nuevo día renovado, con el espíritu fortalecido por las enseñanzas recibidas mientras el cuerpo descansaba y el espíritu viajaba; aprovechen este momento de relajación natural que van a tener todas las noches, elevando la conciencia para agradecerle a Dios por el día que pasaron y por mantenerlos saludables, para que puedan entrar en meditación con el espacio infinito o con la misma madre tierra si así lo desean.

Tengan buenos pensamientos en esos momentos de relajación natural a que el cuerpo y el espíritu invitan cada noche y duerman con la convicción de que mañana van a tener un mejor amanecer y quizás pueda que a la madrugada encuentren la solución a vuestros problemas espirituales y materiales, mientras el cuerpo descansa y repone las energías perdidas en el arduo trajinar en las labores realizadas durante el día y parte de la noche. Esta es una bella oportunidad y el canal abierto que tiene el espíritu incansable todos los días de abandonar el cuerpo material liberándose de él por algunos instantes, logrando partir de forma responsable hacia el mundo espiritual en busca de conocimientos y de ayuda espiritual para resolver todas sus necesidades y problemas, lográndolo mientras el cuerpo perecedero toma un merecido descanso. Estos eventos de salida espiritual se dan gracias a la voluntad de Dios y a la protección de los guías espirituales de cada ser humano, para que el Espíritu se retroalimente y se fortalezca en el espacio infinito, reflejándose en el estado de ánimo cuando el espíritu vuelve a despertar su cuerpo material; algunos espíritus se quedarán en el camino en el bajo astral porque sus sueños son más terrenales y en algún momento, al despertar, se podrán levantar sobresaltados con alguna pesadilla sufrida, mientras otros, por su nivel espiritual, una buena relajación y meditación con el espacio infinito, podrán llegar por intermedio de su sueño al mundo espiritual o al lugar deseado a interactuar con los amigos del pasado o los del presente, en la búsqueda de la luz y de la verdad, o a llegar a encontrar la solución de alguno de sus inconvenientes espirituales o materiales, si así se lo han pedido con fe al Padre creador, desde antes de entrar en un sueño profundo durante el descanso.

Muchos en el estado del sueño profundo han logrado la solución a sus inconvenientes espirituales y materiales, al otro día han aplicado los conocimientos recogidos durante la noche y han alcanzado el éxito y la fama, con la ayuda que les prestaron los amigos que están en el mundo espiritual, si eran merecedores a tener lo que han pedido. Dios les concede esta gracia, algunos son ingratos y no reconocen esta ayuda porque creen que el éxito es de ellos y no le están dando el mérito al mundo espiritual, que es el que siempre los ha estado acompañando en ese ir y venir, ayudándolos e inspirándolos para que todo lo que hagan les salga bien y encaje en el engranaje de la vida. Allá usted si hace mal uso de lo que ha conseguido por su tesón y nuestra ayuda espiritual y no hace nada para compartir y favorecer a los que están desamparados, aquellos que algún día, cuando eras un don nadie, pretendías ayudar, y ahora que ya tienes como vivir cómodamente ignoras y tal vez miras de reojo o por encima de tus hombros. Qué ingratos son y despreocupados por el bien común, que es el que debe primar entre hermanos, cuando ustedes ya saben que es tener necesidades y vivir a la intemperie, qué gran infamia cometen los que así lo hacen con su hermano, ávido de ayuda espiritual o material para suplir su necesidad apremiante.

"Pero el que no la sabia, e hizo cosas que merecían castigo, será azotado poco. A todo el que se le haya dado mucho, mucho se demandará de él; y al que mucho le han confiado más le exigirán" Lucas 12:48.

La noche la hizo Dios desde un principio para descansar y reponer las energías perdidas del cuerpo durante el día, para reconfortarlo y permitir en ese espacio de tiempo que el espíritu salga y haga su recorrido por el mundo espiritual, para que se retroalimente y pueda encontrarse con los amigos del pasado y los del presente en sus sueños, pero algunos seres humanos, con pensamientos no muy sanos, se están aprovechando de la soledad de la noche para planear sus fechorías y atentar contra la humanidad o contra el ser que ellos no quieren ver progresar, llegando algunas veces hasta a agredir a sus seres queridos, sin ningún escrúpulo y contemplación de su parte, que los haga desistir de su capricho; por eso en cada nuevo amanecer los indolentes con sus hermanos los están atacando, haciéndoles daño sin ninguna compasión, son muchos los hechos de violencia y de dolor que los están acosando en el día a día y son tal vez planeados desde las tinieblas de la noche; los seres humanos por el amiguismo y la flexibilidad en las leyes que dictan, están siendo muy permisivos al enjuiciar a las personas que han sido cogidas en flagrancia cometiendo delitos y a las que están comprometidas en hechos dolosos y de violencia, aquellos que cada día traen más desgracia y están causando pena y dolor a la humanidad.

Los seres humanos no están aplicando las leyes terrenales con verdadera justicia social, lo están haciendo con la balanza inclinada hacia quien tenga el poder y mejor valor agregado. La ley debe ser justa y equilibrada de acuerdo a la falta cometida, muchos seres humanos están burlando vuestras leyes humanas, escondiéndose de la justicia de los hombres; pero allá en la eternidad, tu conciencia será tu propio juez y tu falta de ella no la podrás sacar ni borrar. Hagan de la justicia la balanza que la representa como icono y no permitan que esta se incline a favor del más implicado para absolverlo y condenar a un inocente, apliquen la justicia como es debido y así evitarán que los seres humanos se vuelvan reincidentes en sus fechorías y cada día sean más atemorizantes y aterradores los hechos de violencia. Algunas veces son hasta insólitas sus fechorías por el mismo temor que los acosa.

Los correctivos para detener este mal que los aflige y los está acorralando cada día, deben salir desde el seno de vuestros hogares, dándole buena educación moral a sus descendientes, complementándola con la educación que imparten en los jardines, en las escuelas, en los colegios y universidades y empezar a prestarle la debida atención a lo que están haciendo vuestros hijos y familiares. Es más, a no seguir siendo cómplices con las fechorías que algunos están planeando desde el interior de sus casas, enseñándoles en cambio a ser correctos y honestos en la vida cotidiana, siendo una de las principales normas exigirles respeto por la vida y la dignidad humana, a honrar a tu padre y a tu madre, a amar al prójimo como a ti mismo "Mateo 19:19". Y cabe agregar la salvaguarda del medio ambiente y el entorno que los rodea, representado en todos los reinos de la naturaleza y del espacio exterior, que cada día lo están contaminando más con la basura espacial y los satélites que el hombre está dejando en la órbita ya que esto en cualquier momento puede ser contraproducente para la humanidad, la naturaleza y la vida silvestre.

La descomposición social se ha debido a que casi la mayoría de los seres humanos no están contentos con lo que son, ni con lo que tienen, y cada día quieren conseguir más y ser diferentes a las otras personas, llegando a casos extremos de inconformidad, de cambiarse el color de la piel y hasta el mismo sexo que escogieron en el espacio infinito al nacer. En el desarrollo de su proyecto de vida a cabalidad, ya sea el espíritu vestido en cuerpo de hombre o en cuerpo de mujer, buscando cumplir una misión específica de acuerdo a su sexo y al patrón de vida que quisieron llevar en su existencia y lo trajeron desde el espacio infinito a la realidad de la vida material, entre ellas está la maternidad, una de las mayores alegrías que puede tener el espíritu vestido en cuerpo de mujer, logro espiritual que no se puede conseguir por el lado de los hombres; ayer tú me cargaste a mí en tu vientre y me trajiste a la vida, mañana yo te cargaré a ti y te traeré a la vida, en un bello gesto de amor y de gratitud, si se está pagando una deuda del pasado, por eso. No estén convencidos de que el color de tu piel, tu sexo, la condición social en que vives y todos los que te rodean, como el grupo de familiares y de amigos que te acompañan, Dios te los asignó de manera arbitraria; ese es el fruto de tu trabajo en el mundo espiritual, en donde tú confeccionaste lo que querías traer a tu vida material y Dios que es un Padre de amor incondicional lo permitió y te concedió ese deseo. Y no lo has conseguido por casualidad, como lo crees, empezando desde el color de tu piel y el de tus mismos ojos, si has querido nacer en una de las tantas razas estigmatizadas y oprimidas por los seres humanos, ya sea para aprender o conseguir el pago de una deuda racial, porque en alguna existencia perseguiste a alguien por su color de piel ser diferente. O buscas poner en paz y en armonía a tu espíritu o, por primera vez, vas a luchar desde esta posición por la igualdad entre los seres humanos defendiendo tu raza y su cultura.

Queremos decirles que el espíritu no tiene color, es incoloro, es indivisible, es inmortal, carece de sexo y se acopla a la vida según su necesidad; el color, el dolor, son atributos de la materia, ella es la que siente dolor, hambre y todas las necesidades y debilidades que cargan los seres humano, hasta la misma muerte que los aterroriza, sabiendo de antemano que la muerte es solamente un cambio de estado material al estado espiritual, en donde si estás desmaterializado de tus bienes terrenales y despegado de la misma materia corporal, no vas a sentir el hedor de tu cuerpo cuando se descomponga tu materia si en la tumba estas pendiente de ella. El espíritu inmortal sin apego material parte fácilmente hacia el espacio infinito y en corto tiempo se desprende de la materia, por estar desmaterializado y desprendido de los bienes materiales, y parte prontamente hacia el mundo espiritual a hacer el balance de su vida terrenal, en busca de otra oportunidad para venir a redimir sus pruebas de ley de causa y efecto, si le ha quedado faltando algo para terminar su obra y la misión por la que nació.

Por este motivo y muchas razones más encuentras por todo el mundo una gran variedad de razas, culturas y religiones, razones de existir de las diferentes clases sociales y etnias en la antigüedad, en donde se van a encontrar con algunos seres humanos viviendo en la opulencia, amasando inmensas fortunas, que no saben qué hacer con ellas, mientras otros viven en la extrema pobreza, cada uno de ellos cumpliendo con la misión y las pruebas por las que nacieron por el libre albedrío. Acuérdense que todos son iguales ante los ojos de Dios, con los mismos derechos y obligaciones, y están capacitados para sacar sus proyectos de vida adelante, nadie, ningún espíritu vino a la vida para tener un fracaso o ser un fracasado desde que nació, todos han partido del mundo espiritual con la frente en alto y quieren llegar a él nuevamente de la misma manera, pero con más adelanto espiritual.

Qué tristeza nos da con los seres humanos, que algún día nacieron con la fe puesta en el amor incondicional hacia el prójimo, con la esperanza de hacer bien la tarea para no estancarse y seguir avanzando en la búsqueda de la luz y de la verdad, para con su esfuerzo poner un grano de arena en la construcción de un mundo mucho mejor, más sano, más feliz, y justo cuando ya lo han conseguido y lo tienen todo, son prestos a violar las reglas morales del espíritu, olvidándose del desvalido y de las promesas que algún día hicieron en el espacio infinito y en las que van haciendo en la vida material. En vez de contribuir en la construcción de un mundo más sano, más feliz y equitativo, empiezan a causar dolor con su poder económico a su prójimo, volviéndose los seres más insensibles y tiranos que pueda haber en la tierra, porque ya no sienten el dolor ajeno, como algún día ellos también lo experimentaron, cuando sintieron hambre y sin nada que se las mitigará, cuando sintieron frio y sin nada que los abrigara, ni siquiera tenían un techo para refugiarse en él. ¡Qué infames son! los que algún día vivieron en la pobreza absoluta y hoy en día lo tienen todo y no hacen nada por el desvalido, los discapacitados, cuando ellos en el pasado también sintieron dolor y supieron qué es aguantar hambre, qué es tener un dolor y no tener como buscar asistencia médica y pasar necesidades, cuando lo mínimo que pueden hacer es ayudar a los necesitados, cuando ya lo tienen todo se olvidan de las promesas que ayer hicieron.

Usted no necesita de mucho dinero para ayudar al necesitado, solo hace falta amor y voluntad para dar; habiendo ganado más aquel ser indolente ante el mundo espiritual, no haber tenido nada para que sus penas no sean tan grandes por saber de antemano que es dolor y sufrimiento, y es el libre albedrío que los lleva a tener esta actitud egoísta hacia sus hermanos, que algún día Él pretendió favorecer. Todos, en general, llegan y nacen con la idea de unir a los seres humanos en el amor al Padre creador y hacia el prójimo, persistan y no dejen que el egoísmo los aparte de hacer obras en el amor incondicional hacia el prójimo para que logren congraciarse con Dios y sigan teniendo un buen acompañamiento espiritual durante la vida. Si haces una buena labor durante tu existencia, tu partida hacia el mundo espiritual, cuando suceda tu desencarnación, será sin traumatismos espirituales que se interpongan en la transición entre el mudo terrenal y el mundo espiritual y la llegada será llena de alegría y de júbilo, al graduarte con honores y esta es y será la mejor recompensa que el espíritu se llevará y cobrará en el mundo espiritual, siendo a tu llegada este triunfo, un motivo de alegría, para tu espíritu, para los de tus seres queridos y el de los guías que te acompañaron y ayudaron en la búsqueda de la luz y de la verdad, para alcanzar tu ascenso espiritual.

Los espíritus altruistas siempre están buscando la oportunidad, de servir al prójimo y cada que cumplen una misión espiritual vuelven a la fila para emprender otro nuevo viaje hacia el mundo material, con nuevas pruebas y misiones que cumplir, y en ese ir y venir van depurando a su espíritu, van así mismo ascendiendo en la escala evolutiva, despertando su conciencia espiritual y fortaleciéndose en cada nuevo amanecer vivido, en donde usted algún día empezó su existencia, como su primera encarnación terrenal, para que aprendieras y te educaras al relacionarte con las personas que ya hacen tránsito por la vida terrenal, igualmente para tener contacto con la materia perecedera que le da forma a tu cuerpo y se pierda la sutileza de tu espíritu, por la incidencia de tu materia sobre el espíritu y el ambiente material que se está viviendo en la tierra, sin darle prioridad a los bienes espirituales, que son los que enaltecen al espíritu; mientras otros espíritus que ya han hecho carrera en el plano terrenal, podrán llegar como espíritus en expiación y de prueba, por la falta a la moral, porque ya han cometido un hecho de dolor en alguna existencia, siendo repitentes en las labores que vienen a realizar, y a medida que van teniendo nuevas existencias, en ese ir y venir el espíritu se va depurando, en ese continuo aprendizaje en el amor hacia el prójimo, en cada nuevo amanecer debe trabajar buscando la armonía espiritual, para mañana, en una nueva reencarnación, llegar siendo un espíritu de progreso y así sucesivamente por su pulcro trabajo. Así algún día no volverán a ocupar el plano terrenal o podrán venir a visitarlo como un espíritu de luz y de progreso, siendo su trabajo más intenso y notorio para el mundo espiritual, hasta llegado el día que, por su trabajo en ese amor incondicional, logre ser un maestro ascendido por la voluntad de Dios y tenga misiones más específicas, en busca de la protección de la vida y la salvaguarda del planeta.

A todos los seres humanos los invitamos a reflexionar y hacer un alto en el camino, es un llamado a los seres que hoy en día están viviendo en la abundancia y se han ido olvidando del desvalido, para que no dejen de hacer obras en el amor al prójimo y dejar las excentricidades a un lado, pues con ellas no van a poder llegar al mundo espiritual; si están materializados por el dinero, por sus propiedades o los lujos que se dan, eso es efímero. No esperen para el momento en que estén en un lecho de enfermos, tal vez con una enfermedad terminal, en donde ya se sienten que están a las puertas de la muerte y creen que ese es el mejor momento para valorar lo que han hecho y traer a colación lo que dejaron de hacer con sus fortunas y que no se la podrán llevar por más que las hayan cuidado, cuando han podido hacer obras en vida a favor del desvalido; muchas personas han donado sus fortunas a fundaciones después de su muerte, cuando en vida no les pasó por su cabeza fundar una propia. ¡Qué impotencia se debe sentir ya en espíritu!, tener tanto dinero y no poder hacer nada por el desvalido por desidia.

A continuación, encontrarás las últimas palabras de Steve Jobs, uno de los hombres más ricos del mundo en su momento, aunque no hay prueba ni testimonio alguno de que estas fueran sus últimas palabras, las traemos aquí porque son muy dicientes como generadoras de análisis y de reflexión para los seres humanos.

Steve Jobs, fundador de Apple[1]:
Murió como multimillonario a la edad de 56 años de cáncer de páncreas y estas fueron sus últimas palabras unos días antes de fenecer:

"He llegado a la cima del éxito en los negocios. A los ojos de los demás, mi vida ha sido el símbolo del éxito. Sin embargo, aparte de mi trabajo, tengo pocas alegrías. Al fin y al cabo, la riqueza no es más que un hecho al que estoy acostumbrado.

"En este momento, acostado en la cama del hospital y recordando toda mi vida, me doy cuenta de que todos los elogios y las riquezas de las que estaba tan orgulloso, se han convertido en algo insignificante ante la muerte inminente.

"Podrás contratar a alguien para conducir tu coche, pero no puedes contratar a nadie para que lleve tu enfermedad. Las cosas materiales perdidas se pueden recuperar. Pero hay una cosa que nunca se puede hallar cuando se pierde – "la vida". Cuando alguien entra en el quirófano, se da cuenta de que hay un libro que aún no ha leído: 'El libro de la vida sana'.
"Sea cual sea la etapa de la vida en la que nos encontremos en este momento, al final vamos a tener que enfrentarnos al día en que caiga el telón.

"Atesora tu amor por la familia, el amor por tu esposo o esposa, el amor por tus amigos…Cuídate y preocúpate por los demás.

[1] Texto tomado de fuentes libre de internet: https://www.go-lemon.es/blogs/las-ultimas-palabras-de-steve-jobs

"Al envejecer y ser más sabios poco a poco nos damos cuenta de que:

"Un reloj de 300 dólares marca la misma hora que un reloj de 30 dólares.

"Llevemos una cartera o un bolso de $300 o de $30 –la cantidad de dinero que contiene es la misma;

"Conduzcamos un coche de $150.000 o de $30.000, la carretera y la distancia son las mismas y llegamos al mismo destino;

"Bebamos una botella de vino de $300 o de $10 –la resaca es la misma;

"Que la casa en la que vivimos sea de 300 o de 3000 metros cuadrados –la soledad es la misma:
"Te das cuenta de que tu verdadera felicidad interior no proviene de las cosas materiales de este mundo;

"No importa si viajas en primera clase o en clase turista, si el avión se estrella, bajas igual…

"Así que… Espero que te des cuenta de que tener amistades, amigos y viejos amigos, hermanos y hermanas, con quien conversar, reírte, hablar, cantar canciones, hablar de norte-sur-este-oeste o del cielo y la tierra…
"¡Eso es la verdadera felicidad!"

Dios es un padre de amor, de bondad y de merecimiento, no es un padre castigador como se los están mostrando diferentes culturas y religiones alrededor del mundo, amedrentando para que vivan con temor a Dios y no hacia los hombres, los seres materiales que cada día los siguen engañando, manipulando, infundiendo terror y haciendo daño, inventando cualquier estratagema en nombre del Señor tu Dios, para sacar partido con su palabra y beneficiarse de ella. El amor de Dios Padre creador hacia sus hijos es inmenso, justo y misericordioso y a todos les da según su merecimiento, por eso no pueden seguir en el engaño y defraudando a nuestro Padre creador, a sus familias, a sus hijos y a sus semejantes.

Deben de ser castos en lo que piensan y en lo que hacen, para que no se sigan agrediendo y ofendiéndose los unos a los otros. Al final de los tiempos de cada ser espiritual que va partiendo hacia el mundo espiritual, al final de tu propio recorrido, Dios no te estará esperando con una espada, ni con un látigo, ni con el fuego del infierno para castigarte porque has pecado y cometido una falta a sus mandamientos. Una vez que has puesto las condiciones y has escogido lo necesario del medio que te rodea para vivir una vida digna y sin ostentación, si lo mereces tenlo por seguro que lo obtendrás con la ayuda de Dios; desde traer una discapacidad con el nacimiento, o de tenerla en cualquier episodio de la vida en pago de una deuda espiritual, o de nacer en una buena familia y vivir en la opulencia o en la indigencia. Dios Padre creador lo permite y te concede pagar un karma si lo mereces, para mejorar tu experiencia personal y tu continuo aprendizaje en la búsqueda de la luz y del fortalecimiento espiritual y así, en el futuro, puedas seguir viviendo sin ningún lastre terrenal que te haga apenar ante el mundo espiritual; tus buenas acciones serán las que te darán las llaves para abrir las puertas del cielo o del mundo espiritual como lo quieras llamar, para que entres por ella regocijado, radiante de la luz espiritual que ha recibido tu espíritu en el tránsito de la vida, por haber ya cumplido con la obra y la misión por la que naciste.

El cielo es el nombre común que le dan ustedes los seres humanos al mundo espiritual, por motivos religiosos o por tradición cultural.

"En la casa de mi Padre muchas moradas hay; si así no fuera, yo os lo hubiera dicho; voy, pues, a preparar lugar para vosotros". Juan 14:2"

Cada ser ha planeado su propio destino y lo ha diseñado con el fin de seguirlo al pie de la letra para su propio aprendizaje, y no tiene ningún temor que lo haga desistir de su proyecto y de su propósito de vida, desde la hora de partida del mundo espiritual hacia el mundo material, hasta la hora de su regreso del mundo terrenal, y lo ha escrito en el libro de la vida y sabe todos los obstáculos que debe sortear para aprender, en cada nueva existencia, en donde ningún evento de la vida interpuesto se dará por cosas del azar, debiendo partir desde acá del espacio infinito con la fe y la esperanza de cumplir bien la tarea y de salir triunfantes del plano terrenal, con sus propias pruebas y la ganancia espiritual que han ido acumulando.

Todos por la bondad de Dios y de su inmenso poder conocen de antemano el camino y el recorrido que deben hacer para salir victoriosos en cada nuevo amanecer que tienen; solo es, que en el instante del alumbramiento con el primer suspiro de vida, los recuerdos del camino y de las vidas pasadas, se quedan congeladas en el pasado por la ley del amor y es en algunos pasajes de la nueva existencia que el espíritu tiene unos leves recuerdos que muchas veces lo hacen sobresaltar y cree que lo que está haciendo en esos momentos ya lo ha hecho, recorriéndole una energía por su cuerpo, que muchas veces le deja su mente en blanco y es solamente una vivencia que hace parte de su recorrido espiritual y de su pasado de rencarnaciones, que lo ponen a dudar por unos instantes. Estos recuerdos de reencarnaciones pasadas las tienen también en sus sueños en el momento en que sus espíritus buscan la ayuda espiritual para solucionar algún problema y se encuentran con los amigos del pasado y los del presente según la voluntad de Dios, para intercambiar ideas y alimentar el espíritu en el plano espiritual con más conocimientos para fortalecerse.

Como lo puede notar en estas líneas, usted eligió el camino a seguir y es el dueño de su propio destino, de lo que planeó realizar en su propio proyecto de vida para salir adelante y alcanzar el progreso espiritual que le ha sido esquivo a los espíritus reincidentes y a los endurecidos y no es el Padre de amor, el dueño de los infortunios y el causante de las injusticias que a diario deben vivir los seres humanos. Dios en ese amor incondicional le dio a cada ser la oportunidad de diseñar su proyecto de vida y cada ser humano es el dueño de sus ideas y el responsable de sus actos, por la potestad que tiene el espíritu de escoger lo que quiere y desea tener.

Estos acontecimientos no deben ser para usted y los incrédulos, la disculpa para fundamentarse y desvirtuar la existencia y la presencia de Dios en el universo infinito, quizás porque a diario están viendo y viviendo todas las desigualdades e injusticias ocasionadas entre todos los seres humanos. Estas barreras no las ha creado el Padre de amor, las ha creado el mismo hombre por el ego y la vanidad que cada día le está consumiendo más, barreras que a veces son infranqueables para usted y muchas personas de bien a las cuales no las dejan entrar a muchos lugares por no pertenecer a la misma cultura, raza, religión, credo o casta social, mientras que para entrar a los cielos, al "mundo espiritual" solo necesitarán haber sido unos humildes y nobles ciudadanos de bien respetuosos de la ley, no queriendo decir con esto que sean adinerados; les hablamos de los seres que han cumplido con honores la misión y la labor que se propusieron realizar en su paso transitorio por la tierra. Acá en el cielo si te lo has merecido por tus buenas acciones con tu semejante, en el espacio infinito, te podrás encontrar con aquel humilde y noble ciudadano a quien tal vez ayer no dejaron disfrutar de algún espacio terrenal porque estaba vedado para su casta y clase social, cuando esto no debe ser así porque todos son iguales ante los ojos de Dios, con los mismo derechos, deberes y oportunidades para salir adelante en lo que se propongan hacer, solo basta que le den la oportunidad al que no la tiene, que el que está arriba ayude al que está abajo y al que está a su lado, que la ayuda para ustedes, queridos hermanos, sea canalizada desde todos los puntos cardinales de la tierra, sin distingos raciales, religiosos, de cultos, credos o barreras idiomáticas. Por ello el llamado a trabajar en el amor hacia tu hermano necesitado sin excepción, dale por favor de comer al hambriento y de beber al sediento; siendo esto una obra de misericordia no necesitas mucho para hacerla, solo basta con ser humilde y proponerse hacer lo que es debido ante los ojos de Dios Padre, para que tengan un mejor amanecer cada día y una tierra prometedora, sana y sin ninguna incertidumbre sobre el deber cumplido.

"Yo, al igual que tú, pertenezco a Dios; del barro yo también he sido formado" Job 33:6.
"Porque tuve hambre, y me disteis de comer; tuve sed, y me disteis de beber; fui forastero, y me recogisteis" Mateo 25:35.

Aquí te vas a ir dando cuenta y te seguiremos esclareciendo, siempre y cuando sea la voluntad de nuestro Padre celestial y poco a poco nos iremos adentrando en la vida diaria de lo que están haciendo los seres humanos en la tierra, para ayudarlos a salir del caos que han formado, con tantas diferencias y divisiones que hay entre los hombres, unos ricos, otros pobres, algunos viviendo en la indigencia, cuando todos deberían de vivir en igualdad de condiciones en todos los niveles sociales, que han dividido y categorizado algún lugar en la tierra, empezando de una vez a ser justos y equitativos en lo que hacen con sus hermanos y no sacarle ventaja al que creen es el más débil y no tiene como defenderse. Por eso les pedimos sean cautelosos en lo que están haciendo, no le den tanta trascendencia a los bienes que poseen, ni a los que van consiguiendo a lo largo de la vida, nada de índole material podrán llevarse de este mundo hacia la eternidad, ni más allá de la sepultura podrán llegar las riquezas y excentricidades. Si así lo hubiera querido hacer por tu apego a los bienes materiales, que cada día hacen más denso a su espíritu y lo estancan en su progreso espiritual y no lo dejan avanzar, por estar entretenido cuidando de los bienes reunidos durante su existencia, de pronto usted se podrá preguntar ¿por qué unos ricos, otros pobres? Esta es la pregunta que a diario se hacen, por ser el factor económico el qué más los aflige y predomina en la tierra, y cada vez es más notoria la brecha que hay entre unos y otros, porque se están aprovechando de su posición dominante, para cada día tener más y más subyugando a su semejante, incluyendo otras causas de malestar y depresión, como es la misma educación de usted y de sus descendientes que muchas veces no pueden mantener, porque ya no hay oportunidades, con tantos recomendados que circulan en todos los niveles sociales, que hasta para conseguir el pan de cada día se les ha vuelto difícil, cuando la alimentación debe de ser lo más seguro que debería tener cada ser humano al levantarse de la cama. Tal vez algunos no tengan méritos para ocupar la posición de aquel que se ha capacitado durante toda la vida para ocupar un alto cargo, porque siempre han permitido las recomendaciones para que alguien se salte un patrón moral, que debe primar entre todos los seres humanos y es el premiar con grandes elogios al que se ha capacitado toda una vida.

Respecto a su existencia les podemos decir, ustedes así lo quisieron vivir y eligieron dentro de ese todo, lo mejor para aplicar en sus vidas, porque se tienen confianza y están convencidos de que van a poder pasar las pruebas que eligieron para su presente existencia y eso es lo que les está sucediendo en la realidad de sus vidas y les seguirá pasando hasta que terminen las pruebas que eligieron para la vida y salden el karma espiritual en el que están inmersos, por el que pidieron nacer para quedar en paz al enmendar un error del pasado; este es el mérito que tiene el progreso espiritual, cuando el espíritu ha elegido duras pruebas para su vida y las logra pasar con amor, esmero y mucha resignación, de tener que pagar una deuda del pasado que lo ha tenido estancado en el tiempo, buscando la salida para progresar, y en una nueva existencia ha encontrado la luz y la solución a sus problemas, saliendo de estos regocijados, y espera por este logro espera tener mañana un mejor y nuevo amanecer para poder seguir su camino, sin ninguna pena moral que lo acose en un futuro inmediato y lo mantenga en aflicción.

Aprovechen de la mejor manera posible su presente existencia y la oportunidad que tienen de realizar sus proyectos y propósito de vida, para que puedan recomponer su pasado espiritual con la ayuda de sus guías espirituales, para que encuentren la deseada paz espiritual, que les ha sido esquiva por la baja conducta moral y la indisciplina que está en auge en la tierra, convertida en un caos por parte de los hombres, en donde conforme pasan los días está imperando más el miedo y el terror. Y este caos no los dejará vivir en paz por el resto de sus vidas, mientras los seres humanos no se disciplinen y le pongan orden a la vida.

Cumplan a cabalidad con todo lo que planearon en su propósito de vida en el espacio infinito, en algún momento que no pueden recordar por la ley del amor incondicional, esta es una orden espiritual y el patrón a seguir por el resto de su existencia terrenal. Si reconocieras el camino podrías salir victorioso con mucha facilidad y se perdería el mérito de tus pruebas terrenales; si ya lo sabes todo, tu nacimiento no tendría la razón de ser, no habría razón alguna de tu espíritu pedir llegar a la vida y someterse a tener necesidades y preocupaciones como cualquier humilde ser humano y menos sabiendo de antemano que acá, en el espacio infinito, con el simple parpadeo de los ojos lo puedes tener todo en este lugar en donde el espíritu no va a sentir los dolores que afectan a la materia, ni va a vivir de todos los afanes y las necesidades por las que tienen que pasar los seres humanos para poder ascender y para poder subsistir diariamente, en medio del caos que han formado allá en la tierra y los hechos de dolor que los mantienen viviendo en zozobra y preocupados del no saber qué pasará mañana.

En el espacio infinito nos ocupamos de ayudarlos en su bienestar espiritual y material, si así lo piden, armonizándolos para que todo encaje en el engranaje universal a la perfección, y elevamos al Padre creador las buenas intenciones que hacen humildemente por sus hermanos necesitados de ayuda espiritual, tanto encarnados que están buscando el progreso material y espiritual, como desencarnados que están sufriendo y pidiendo oraciones para ver la luz y tener paz espiritual para seguir ascendiendo y enalteciendo al espíritu cada que encuentran la luz y la verdad. Otros si así lo desean pedirán ayuda material para tener progreso en este campo y quizás por ello correr con el riesgo de olvidarse de la espiritualidad que tienen y afectar su progreso espiritual, si no son aplomados con lo que hacen, con lo que tienen y con lo que puedan seguir consiguiendo a lo largo de su vida terrenal.

El espíritu despojado del cuerpo material, según su grado de perfección y evolución espiritual, con el solo pensamiento y su poder por la voluntad de Dios y su libre albedrío, puede hacer presencia en cualquier inhóspito lugar o densamente poblado paraje de la tierra, o del espacio infinito en donde exista vida inteligente como se la puedan imaginar, para manifestarse con la ayuda y la voluntad de Dios y hacerles saber que existen otros mundos habitados y comprendan que no están solos en el universo infinito, en donde muchos seres les hacen compañía cada día, cada noche y cada nuevo amanecer, unos ayudándolos para que sigan por un buen camino y puedan alcanzar sus metas trazadas dentro de su propósito de vida, otros están haciendo fuerza con bajas energías, asechándolos y empujándolos cada vez más para que no lo logren y fracasen en sus pruebas, porque son egoístas y quieren que otros caigan en el camino. Ellos no aprovecharon en su existencia la oportunidad de vida que tuvieron y se extraviaron en el camino, habiendo salido perdedores del exilio terrenal, ahora con odio hacia sus semejantes, siguen buscando a que otros caigan en la desgracia como tú, si eres una de las tantas ovejas descarriadas por fuera del redil y estás desorientado, de ti depende seguir por un buen camino o sumarte a los que van por el camino del mal, para seguir causando más pena y dolor a tus hermanos que van por el camino de los bienaventurados, porque deseas que ellos también caigan en la desgracia y no puedan terminar sus pruebas por las que algún día nacieron.

Dale una luz y la esperanza a los que ya han nacido y están extraviados en el camino y aún están viviendo en la oscuridad porque no han encontrado el norte para su destino, bríndale tu ayuda esclareciéndolos en la búsqueda de la verdad, fortalece tus lazos afectivos con ellos y con los que te están acompañando que ya van por el camino de la luz y de la verdad, en busca del progreso espiritual. Y lo podrán lograr si siguen trabajando con amor incondicional hacia el prójimo, haciéndolo desprendido del interés material y sin ánimo de lucro, entonces los resultados espirituales para su ser serán sorprendentes y allá en el espacio infinito los esperará la bonificación espiritual al recibir la gracia de Dios para su espíritu.

Esta imagen, es como si alguien nos estuviera observando desde el espacio infinito, con todos sus misterios que el ser humano aún no ha podido descifrar.

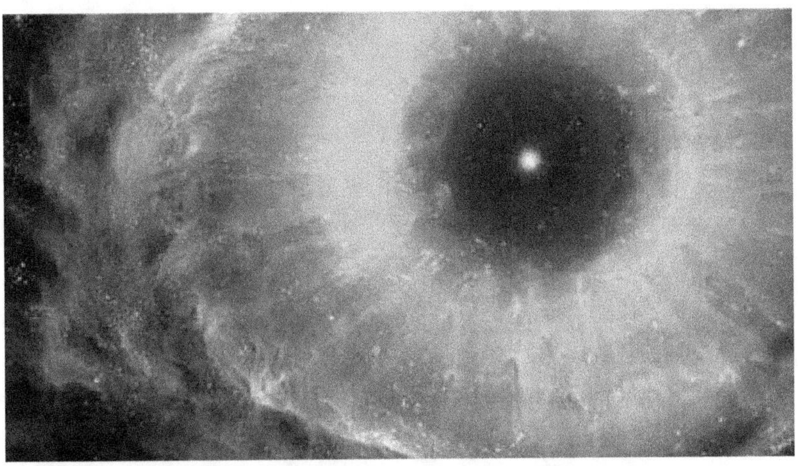

Imagen tomada de fuentes libres de internet: https://www.google.com/url?sa=i&url=https%3A%2F%2Fokdiario.com%2Fcuriosidades%2F5-cosas-mas-extranas-del-universo-816031&psig=AOvVaw0logbD_rUzazJbn6Ng2n-J5&ust=1605134043925000&source=images&cd=vfe&ved=0CAIQjRxqFwoTCOj_872E-ewCFQAAAAAdAAAAABAD

Un Nuevo Amanecer

Pena les debe dar a los seres humanos que aún no están haciendo nada por el desvalido por cuanto llegaron a la vida para irradiar amor incondicional hacia el prójimo y a la vez nacieron con la esperanza de hacer bien la tarea, para no estancarse y con esfuerzo seguir avanzando en la búsqueda de la luz y la verdad, para contribuir a un mundo más acogedor para todos los seres humanos; pero para muchos espíritus el planeta tierra les ha ido quedando grande, por el ambiente de perdición que hay en él y las bajas energías que están irradiando los que lo están habitando, expuestos al fracaso espiritual por todo el desorden que han formado material y espiritualmente los que hacen tránsito por el camino equivocado.

Cada ser espiritual que nace llega a la vida con la esperanza de poder cumplir a cabalidad las metas que se ha trazado en el mundo espiritual y por ser espíritu conoce de antemano el recorrido que debe hacer y los continuos obstáculos con los que se va a encontrar en el camino, debiendo obviarlos para no ir a caer en la desgracia, pues debe poder alcanzar sus metas sin ningún inconveniente que lo vaya a hacer retrasar en sus pruebas, en un mundo de expiación y de pruebas cada vez más difícil, en donde todos los seres humanos están expuestos a los hechos de violencia, que cada día son más notorios y son la causa de mucho dolor para todos los seres humanos que están habitando en el plano terrenal y para los que seguirán naciendo buscando un nuevo amanecer, para redimir su faltas del pasado y pagarlas en la nueva existencia, en donde ninguno de los que lleguen estará exento de ser tentado a desviarse del camino de la luz y de la verdad, por más poderosa que sea su fortaleza espiritual, siendo su misma fortaleza la que le llevará a cumplir a cabalidad con sus metas ya trazadas.

Usted posee la libertad y la capacidad de escoger entre el camino del bien o el camino del mal, usted es el que decide cuál camino va a seguir y adónde desea llegar, pero de antemano les podemos decir que el bien es innato en todos los espíritus y viene con él desde el espacio infinito; según el camino que escojan en la realidad de la vida, traen consecuencias buenas o malas para el espíritu y te representan ascenso o estancamiento espiritual. Si escoges el camino del bien, tus buenas acciones te traerán beneficios espirituales y por añadidura vendrán los bienes materiales, aunque no son necesarios para lograr ascenso espiritual, por las ataduras y las consecuencias que ellos traen si no los sabes manejar; para el mundo espiritual es mejor que vivan una vida en paz, sin exponerse a la ostentación de lo material y a la amargura de algún día tenerlos que dejar al morir, además te irá bien por donde salgas, gozaras de larga vida y paz espiritual, serás bendecido en el nombre de Dios y vivirás sin zozobra, igualmente estará tu nombre de boca en boca con muy buenos comentarios hacia ti y serás el ejemplo a seguir por muchos de los hombres en la tierra y de los espíritus en el espacio infinito, que están tomando nota de lo que están haciendo los seres humanos, si escogen el camino del mal. En este caso estarás expuesto a malas energías y a muchos inconvenientes espirituales y materiales innecesarios, te podrá ir mal por donde salgas en lo que haces y en lo que pienses, por la mala vibración que te acompaña y las malas energías de los que te rodean, quienes podrían no tener larga vida porque la pueden perder en cualquier momento por sus enfermedades o por alguna de sus fechorías.

El camino del mal, igualmente, les significaría el retraso en sus pruebas y estancamiento espiritual porque no pueden avanzar con el continuo aprendizaje, por la interrupción espiritual que causa una pena moral: cuando le hacen daño a tus semejantes, sus nombres también estarían de boca en boca, pero con malos comentarios hacia sus personas, marcándoles adversidades por el resto de sus vidas si no componen su mal proceder, convirtiéndose en la causa de la aflicción para sus guías espirituales y sus seres queridos, y en el temor de muchos de los hombres por su mal comportamiento. El mal no está permitido desde un principio del nacimiento. Dios es amor y no tendría la razón de existir un ser superior de espíritu puro, de luz y verdad, de crearlos para que, desde el inicio de la vida, lleguen a hacerle daño a sus semejantes y causarles dolor, conociendo de antemano, por su omnipotencia, que es un sufrimiento, que es un dolor, que es una calamidad o alguna otra necesidad de sus hijos, hechos a su imagen y semejanza. Es el libre albedrío que los lleva a cometer los hechos de dolor y de barbarie, hechos en que se ven inmersos algunos de los seres humanos, por la intolerancia o el afán de tener las cosas por la buenas o por las malas, comprometiendo su progreso espiritual; ninguno de los seres humanos nace con la idea de hacerles daño y mucho menos desde la primera infancia, todos cuando nacen son unos angelitos y unas mansas palomas que no le hacen daño o mal a nadie, pero cuando despiertan la conciencia se inclinan por hacerle el mal a sus semejantes, haciendo de la tierra un caos y un vividero imposible para todos los que quieren habitarla desde el espacio infinito, que desean llegar para ayudar a construir un mundo mucho mejor, más en paz y feliz.

No pierdan las esperanzas de mejorar cada día el ambiente espiritual y las vibraciones en la tierra, si se lo proponen lograrán poner en orden la casa en donde todos habitan; trabajen incondicionalmente en el amor hacia al prójimo, no pierdan la cabeza por más que sean tentados y los inciten a cometer alguna locura o atropello con o hacia el semejante, no se contagien de lo que están haciendo mal las otras personas, que hacen tránsito por el camino equivocado, crean el Padre creador y de sus buenas intenciones que ustedes tuvieron para llegar con sus espíritus a poblar el mundo, de allí la necesidad del Espíritu buscar vida material como lo reza el libro "Diga no al aborto un acto de reflexión" de mi autoría.

Hermanos, la obra de Dios no fue en vano, es la gran oportunidad que tienen de redimir sus deudas del pasado para saldarlas en el presente y desligarse de las ataduras que no los dejan seguir en el camino. Para adelante con paso firme y decidido para que hagan las cosas bien y no se retrasen en sus tareas diarias, trabajen con amor y beneplácito hacia sus hermanos, no desfallezcan en sus proyectos de vida y en lo que quieren hacer por el bien común, Dios les dé fortaleza espiritual, para que puedan seguir su camino y puedan obviar todos los obstáculos que se les presentarán durante su presente existencia y las próximas existencias; si están haciendo las cosas mal y desean otra oportunidad, sigan buscando la luz y el camino si se han extraviado, no pueden seguir dejando nada para el mañana, el futuro está en el presente, empiecen ya a construirlo, cuando emprendan sus labores traten de terminarlas para que nada les quede pendiente por distracción u olvido.

Él Padre creador, por ese amor incondicional, creó a todos los seres humanos a su imagen y semejanza (Génesis 1 26:27) para que vayan llegando a poblar la tierra poco a poco o en legiones de espíritus que vienen con misiones especiales, en una lógica renovación generacional, para la regeneración terrenal de los hombres en la tierra. Dios les dio a los seres humanos libertad incondicional enmarcada en el libre albedrío, de seguir un patrón de vida, muy a pesar de que cada ser trae una misión y pruebas específicas, para cumplirlas a lo largo de su existencia terrenal en un continuo aprendizaje, para los que ya están y los que van llegando construyan un mundo mucho mejor y más feliz. Cada ser verá si asume su misión como se la había trazado en el espacio infinito o la aborta y se desvía del camino por el libre albedrío.

Si todos los seres humanos asumen su compromiso de manera responsable, como estaba establecido en el diario de su vida terrenal, ténganlo por seguro que podrán vivir en un mundo más humano, más feliz y equitativo, porque nadie desde un principio ha escogido hacerles daño, eso no está permitido desde la creación en el inicio de la vida. Dios, por ser inmensamente sabio y poderoso, ha vislumbrado el camino de todos nosotros en el plano tierra o en el espacio infinito y sabe cuáles son nuestras fortalezas y debilidades, cuando vamos a tener un infortunio, y muy a pesar de esto no le corta la oportunidad de vida a ninguno de sus hijos para que sigan en la búsqueda de la luz y de la verdad. Él sabe si vamos a seguir el camino al pie de la letra o nos vamos a desviar por la libertad que tenemos. El confía en todos sus hijos y nos ha dado la potestad de tomar un camino y somos los responsables de desarrollar nuestro proyecto de vida a nuestra manera y como lo estimemos conveniente llevar a cabo. Cualquier camino te llevará a la luz, por las experiencias que vas recogiendo en el mismo, te obligará a buscarla, no queriéndote decir con esto que puedes hacerle daño a tu semejante y alcanzar la gracia de Dios de esta manera; debes entender que si le haces daño a tu semejante el camino a la luz se te hace más extenso y su panorama se te tornará más oscuro y delicado. En cualquier momento, si te lo propones, retomas el camino menos escabroso, podrás ver la luz sin tantos obstáculos que interrumpan sus destellos luminosos y saldrás adelante sin ningún contratiempo que los vaya a retrasar; y es el amor incondicional el que los mueve a tener una nueva oportunidad de vida y el Padre creador se las concede, para que aprendan y sigan ascendiendo en la escala espiritual evolutiva y a la vez se puedan recuperar los que se han ido extraviando en el camino y se vuelvan a encauzar en el amor hacia sus hermanos espirituales y materiales que ya hacen presencia sobre la tierra.

Como seres espirituales en una dimensión espiritual es de nuestro interés y de los que van llegando a cumplir con una misión específica, formando parte de las nuevas generaciones que llegan a poblar la tierra, ayudarlos a coordinar su trabajo entre el mundo espiritual y el mundo material, para que los seres humanos que han antecedido vuestro nacimiento luchen cada día organizados con el propósito de alcanzar sus metas sin desfallecer; vivan en el amor a Dios y a su prójimo y podrán encontrar la luz para seguir el camino, tal vez algunos se desviaron de él y se alejaron de la misión por la que pidieron nacer por el libre albedrío y están a punto de fracasar en sus proyectos de vida, quedándose estancado su espíritu y ellos teniendo que volver en el futuro a retomar el camino para terminar las pruebas que algún día dejaron. Es nuestro deber acompañarlos como hermanos espirituales y ayudarlos a encontrar nuevamente el camino para que sigan su destino y puedan lograr, con eso y su trabajo en el amor, poner a su espíritu a paz y salvo y en armonía con sus hermanos carnales y espirituales que les están cobrando desde el espacio infinito, para que puedan tener la gracia de Dios y alcanzar otra dimensión espiritual, cuando ya hayan cumplido a cabalidad con su proyecto de vida, como lo tenían planeado, y sigan unidos viviendo en paz. No pueden seguir dejando que el odio, la envidia, los celos y otros males como el rencor, que los hacen ver imperfetos ante los ojos de Dios y de sus hermanos, siga enceguéciendolos y arrastrándolos hacia el abismo, llevándolos a vivir inmediatamente una caótica existencia para todos ustedes, no pudiendo tener por las malas vibraciones que los acompañan, paz espiritual ni material en ningún momento de la vida terrenal. Por eso es de suma importancia para sus espíritus que no se contagien del mal que están haciendo otros, porque tal vez están viendo fácil apropiarse de lo ajeno; deben proponerse seguir un buen camino y hacerlo lo más armonioso posible sin causarles daño a sus semejantes, sean humildes, honestos y transparentes con ellos, unidos en un verdadero amor y grandeza espiritual; deslíguense de las malas palabras y de las ofensas que se hacen mutuamente, de los malos pensamientos arrojados hacia su prójimo y hacia las mujeres, asumiendo que por donde transiten en la vida se deben mucho respeto en el amor incondicional.

El amor debe renacer en todos los corazones de los seres humanos, para que se eleve nuevamente la conciencia espiritual de cada ser, para que haya una mejor frecuencia vibratoria en la tierra y puedan fácilmente tener un mejor contacto con el mundo espiritual y no se olviden de que nosotros y sus seres queridos fallecidos existimos en cualquier lugar del espacio infinito, según la voluntad del Padre creador y de acuerdo a las obras que se hayan hecho en nuestra existencia terrenal; tengan siempre presente al mundo espiritual en su vida cotidiana, estamos prestos para auxiliarlos por la voluntad del Padre creador, cuando requieran de nuestra ayuda, eso sí respetando el libre albedrío: aprovechen esa bella oportunidad que les da la vida, para que enmienden los errores del pasado y del presente, tanto espirituales como materiales y extiendan los lazos afectivos con su hermanos, sin ningún temor de que se vayan a hacer daño, busquen como seres humanos una paz duradera, ayúdense los unos a los otros sin ostentación, no dejen que su hermano pase hambre y necesidades. Si tú tienes la forma de darle de comer, no dejes que tu hermano tenga sed, si tú tienes la manera de darle agua de beber al sediento, no dejes que tu hermano tenga preocupaciones espirituales, si tú tienes la manera de orar por él y pedirle con respecto al Padre amoroso ayuda, para que le colme sus necesidades y le dé el pan de cada día, amor y prosperidad. Y es la oración el mejor antídoto para sanar todos sus males espirituales y materiales, esta es la mejor respuesta que debe tener cualquier humilde ser hacia su hermano necesitado, hacer la oración con fe y humildad ante Dios, sin vanagloriarse de lo realizado a lo largo de la vida por sus hermanos necesitados tanto espirituales como materiales.

"Más cuando tú des limosna, no sepa tu mano izquierda lo que hace tu mano derecha" Mateo 6:3.

Queremos que a medida que vayan avanzando y encontrando la luz, sean más humildes que antes con sus semejantes, trasmitiéndoles los conocimientos que han ido adquiriendo en esas experiencias que están viviendo y recogiendo de la vida diaria, para que nadie se extravíe en el camino. Ese será tu pequeño legado que irás construyendo y dejando a tus descendientes y a las futuras generaciones que van llegando a poblar la tierra, con nuevas tareas y misiones que cumplir, no estando ellos exentos de desviarse del camino. Trabajen en el amor al Padre creador y hacia sus hermanos y cada día los hará más grandes y exentos de muchas adversidades y enfermedades que afectan el cuerpo y afligen el alma, inclusive trabajando en el amor hacia el prójimo les dará para despertar facultades innatas que tiene el espíritu desde su creación, entre ellas la autosanación para poder gozar de larga vida; en estos momentos allá en la tierra la tienen algunas cuantas personas, porque son de una conciencia pura y no hacen daño así ustedes los ofendan para derrumbarlos espiritualmente. Volvemos a recordárselo, el amor al prójimo renace cuando son justos, benévolos y equitativos con sus hermanos, este gran gesto de amor activa las energías positivas y los ayuda a seguir viviendo felices y en armonía espiritual con sus hermanos encarnados y desencarnados, para que les sirva de comunicación y de guías al resto de los hombres.

"A Dios rogando y con el mazo dando"

Este es un refrán o un dicho muy popular entre todos ustedes y lo conocen a la perfección, y se los traemos a colación porque ninguno de los seres espirituales que ya están encarnados en la tierra ha sido eximido de hacer obras por sus hermanos en el amor incondicional; desde antes de nacer cada ser trae proyectos e ilusiones que realizar, durante su pasantía en el plano terrenal y entre sus motivaciones para llegar a la vida, estaba ayudar a construir un mundo mucho mejor y equitativo, dándole a cada uno lo que se merece. Enmarcado en la ley de amor universal, siendo justos y benevolentes, con estos gestos de amor todos saldrán ganadores; este es un compromiso que todos han adquirido desde antes de la partida, del mundo espiritual hacia el mundo material, inclusive a diario lo están viviendo y lo están escuchando entre sus grupos de familiares y de amigos, "Yo quiero trabajar para mañana ayudar a mi mama y a mi papa", "yo quiero tener bastante dinero para ayudar a los desvalidos". Sin embargo, cuando ya han logrado conseguir bienes materiales y están viviendo en la abundancia sin ninguna dificultad económica que los apure, son indiferentes con el desvalido, con el necesitado, que algún día ellos quisieron amparar, mientras otros por egoísmo terminan haciendo daño a sus semejantes y a contrariar el propósito que tenían trazado para su vida terrenal, porque ahora tienen el poder material, se han olvidado del objetivo que tenían planeado y no han honrado aún al Padre creador con sus palabras, de profesar el amor incondicional hacia el prójimo, como lo tenían planeado desde mucho antes de haber nacido y lo fueron diluyendo en el transcurso de su vida, olvidándose de los que permanecieron abajo para ayudarlos a ascender.

Todo desde un principio sale organizado y coordinado desde el mundo espiritual con sus guías y protectores espirituales para que tengan compañía y les vaya bien en la misión escogida por cada ser para llevar a cabo durante su vida material, pero algunos se han confundido en camino por el libre albedrío y lo están utilizando para hacerle daño a sus hermanos, contraviniendo las leyes espirituales y las materiales, atravesándose en el camino de cualquier humilde ser humano que está haciendo las cosas bien para que no triunfe y se mantenga en discordia por los desarreglos energéticos que esto causa; esto es algo que nunca les debe suceder, debido a que cada uno de ustedes se comprometió con los encargados de la vida en el espacio infinito de llegar a trabajar por la salvaguarda de la vida y la honra de sus semejantes y la misma protección del planeta que van a habitar. Conociendo de antemano qué es el mal y qué es el bien, tener tristezas o alegrías, le siguen causando dolor a sus semejantes; pena les debe dar a los que están haciendo esto con sus hermanos.

El materialismo salvaje y la inconformidad manifiesta entre los seres humanos los está llevando a perder el juicio y los sentimientos de aprecio hacia la vida misma, que hasta en riesgo la ponen por su osadía y la precaria fundamentación espiritual que les dan en sus hogares sin reforzarles los conocimientos naturales que trae el espíritu desde el espacio infinito y la misma ley de amor que tal vez algunos han olvidado, o por el mismo libre albedrío se atreven a violar las leyes espirituales y las materiales, y siguen causando daños a sus semejantes de ley de causa y efecto, y estas vienen a ser las contravenciones morales, que se lleva el espíritu hacia la eternidad cuando fallece su cuerpo material y al liberarse el espíritu, parte hacia una de las moradas que le tienen destinada en el mundo espiritual.

Cada día individuos de baja reputación moral están saliendo desde el interior de sus casas para causarles daño sin ninguna compasión, y están siendo reticentes con ellos; préstenle la debida atención a la educación moral de sus hijos y de sus familiares desde el seno de sus hogares para que mermen los hechos de dolor que cada día los están enlutando más; no dejen que la espiritualidad innata que tiene cada ser se vaya disipando con cada hecho de dolor que están causando sus familiares, sus amigos o conocidos por falta de reprensión desde el interior de sus casas. Por favor, les pedimos reforzar la espiritualidad que tienen, no queriendo decir que deben correr hacia una iglesia, crean más allá de lo que no están viendo, porque todo es posible en un mundo en donde hay muchas cosas desconocidas para algunos seres humanos, mientras son conocidas para otros que las están ocultando con el objeto de que no sepan la verdad y vean la luz, en una clara manifestación de egoísmo hacia su hermano necesitado de saber.

Dios es el patrón moral a seguir por todos los seres humanos y Él no es una iglesia ni religión alguna, de las diferentes que hay establecidas sobre la faz de la tierra; todas lo han asumido como atributo divino para que haya seguidores y se podrán preguntar si así lo quieren hacer ¿Cuál es la religión de Dios? Y si tienes la respuesta, nuestra mayor admiración por ti, si lo sabes, hasta ahora Él no está encasillado en ninguna religión, ni se ha prestado para que algunos seres humanos se aprovechen de su nombre y les digan que les habló el espíritu santo para engañarlos, como pueda decirlo el hermano médium, de quien en estos momentos, con el permiso del Padre creador, de los guías y protectores espirituales del hermano y de su propio espíritu nos estamos valiendo de él, dictándole esta obra para que salga a la luz de la humanidad, para que usted mañana la pueda conocer y pueda ajustar los valores morales que ha perdido, con las enseñanzas que esta le trae. Queremos darles claridad al respecto, pues ante un ser espiritual tan poderoso como lo es nuestro Padre celestial, de solo oír el susurro de su voz podrás quedar petrificado, porque ni tu cuerpo, ni tu espíritu están capacitados para recibirlo y poder decir que escuchaste su voz; si nosotros los que estamos acá en el mundo espiritual, más cerca de Él y despojados de la materia pecaminosa, no tenemos acceso a Él, que tal aquel ser mundano que dice que lo escuchó y otros lo dicen hasta con propiedad por los conocimientos bíblicos que tienen, pero no pueden ir más allá de la verdad. Les pedimos busquen ese nuevo amanecer sin ninguna ostentación para que la luz celestial sea pura y alumbre sus caminos, lo décimos así porque tu camino no es el mismo de tu hermano y el de tu hermano no es el mismo de tu hijo; algún día se tendrán que encontrar para que trabajen unidos por un mejor mañana, por el momento dedíquense a hacer las cosas bien para que no vayan a caer en la desgracia y con sus hermanos en manos de los indolentes. El amor entre todos los seres humanos es una luz y esperanza que tienen para seguir sus caminos unidos y de la mano, desapareciendo el temor de que tu hermano, se te atraviese en el camino para hacerte daño; sean solidarios con sus hermanos rezagados para que vivan en armonía y suban el nivel espiritual en la tierra logrando que las malas energías se disipen.

Todos llegan a la vida sin dogma religioso alguno y el libre albedrío es el que los lleva a encauzarse en algún principio dogmático, los padres son los que confunden a sus descendientes, con las creencias que ellos tienen, obligándolos a seguir dichas doctrinas por tradición ancestral, en donde algunas de ellas se prestan a desvirtuar la existencia de Dios en el espacio infinito y de aceptar que no existe algo más allá de la vida misma, queriendo decir con esto que todo se acaba en una sepultura; por eso hacen y deshacen de la obra de Dios, porque han perdido los valores morales que traen desde el mundo espiritual y seguirán así hasta que cada uno de ustedes pueda ver la luz y decidir por sí solos. Dios Padre creador no es una religión, ni forma parte de alguna de ellas, para que usted pueda asegurar que conoce la religión de Dios; sí les podemos decir que Él es amor incondicional para todos los seres humanos y debe estar anclado en cada uno de sus corazones, para que sigan avanzando en busca de la luz de la esperanza, de la verdad y tengan cada día un mejor y nuevo amanecer.

Cuando los seres humanos alteran su patrón moral, está siendo alterado el patrón de vida en la sociedad y en cualquier momento pueden perder la tranquilidad y la armonía en sus espíritus, perturbada por la mala conducta de los desadaptados y la voracidad de algunos seres humanos que los incitan a cometer hechos de corrupción y de violencia, entre muchas de las atrocidades que están cometiendo en el día a día, en la vida cotidiana; algunos están abusando del poder que tienen para someter a los desvalidos y sacar provecho de las condiciones de desprotección en que están viviendo estos seres humanos. Por eso cada día son más notorios los hechos punibles que están causando los infractores de la ley a la humanidad vulnerable, generando grandes tragedias por la ambición y las ansias de poder para seguir manteniéndolos sometidos a sus atropellos, afectando su entorno familiar y la armonía espiritual dentro de sus hogares, dejando a su paso odio, mucho dolor y rencor, con las tragedias que están causando, con la pérdida de vidas humanas, animal y vegetal cuando la emprenden contra los bienes y de pan coger que la madre naturaleza les puede dar para el sostenimiento de la misma vida; cada día están acabando con sus recursos naturales, dejando la madre tierra desprotegida y sometida a la inclemencia de los rayos solares, a la desforestación y a la erosión, de tal suerte que poco a poco se irán acabando las reservas de agua, un recurso fundamental para toda manifestación de vida en la tierra e inclusive en el espacio infinito.

Ya es hora de que tomen cartas en el asunto y busquen la manera de curar las heridas que los indolentes les están causando a sus hermanos, por la voracidad que los consume de querer tener las cosas por las buenas o por las malas, siendo esta infame posición de los que así piensan el origen de las guerras que se libran todos los días en los campos y en las ciudades, porque los hombres de bien necesitan defenderse del ser o de los seres que los quieren agredir. La tierra desde un principio fue diseñada por Dios para ser un paraíso y de ese paraíso no les va a quedar nada, si no le prestan la debida atención y buscan la mejor manera para protegerla de su principal depredador, el mismo hombre, y así también poder ir salvando a la especie humana de una posible extinción y de su desaparición de la faz de la tierra. Aún están a tiempo de sanar las heridas que han causado por el desamor hacia el prójimo, no sigan dando más ventaja, esperando a que el problema causado por los que no aman la vida sea mayúsculo; cuiden de su hábitat la madre Tierra, en ella todos pueden vivir sin hacerse daño, dejando a un lado el odio, la envidia, los celos entre otros males que les lacera y les está afligiendo el espíritu y no los deja progresar.

La madre tierra ha sido diseñada por nuestro Padre creador para albergar cientos de miles de millones de seres humanos y de especies animales, vegetales, ríos, mares etc., y es el hogar transitorio que Dios dispuso desde la creación con el advenimiento del primer hombre y la primera mujer, que fueron Adán y Eva, para que con su descendencia y la procreación de ellas llegaran nuevos espíritus desde el espacio infinito a poblar la tierra a través de la raza humana. Y desde el primer hombre y la primera mujer, existe la necesidad de ese ir y venir entre el mundo material y el mundo espiritual, para que el espíritu se retroalimentara en el espacio infinito y regresara de nuevo por otra experiencia más de vida a continuar con la tarea que algún día no pudo terminar, en un continuo aprendizaje, para seguir adquiriendo experiencia entre un mundo espiritual y el otro material, en busca de la luz y del progreso espiritual. Debido a que ayer algunos a su paso por la vida terrenal, influenciados por el libertinaje que hay , se contagiaron e hicieron las cosas mal, mientras otros espíritus son reincidentes y han podido avanzar poco, estando estancados en la búsqueda de la luz y de la verdad, este es uno de los grandes motivos de llegar a repetir la tarea y de ser reincidentes en las labores que van a desempeñar; si se proponen las podrán pasar sin mucha dificultad, por el simple hecho de ser repitentes, ya de antemano han hecho un recorrido que su espíritu podrá recordar para así poder saldar una deuda kármica del pasado, que es el obstáculo espiritual que no los deja avanzar y ascender en la escala evolutiva, mientras no se pongan a paz y salvo con el hermano o con los hermanos ofendidos, por ser una deuda kármica múltiple que los perjudica y no los deja ir más allá del horizonte hasta que no la hayan saldado.

La tierra tiene como generar muchos recursos para que todos los seres humanos vivan sanamente y sin hacerse daño por querer usufructuar un espacio que otro no los deja alcanzar; ella les da desde el aire que respiran, hasta más allá de la misma agua que consumen, que se dan libremente en la madre tierra de forma natural, y les puede seguir generando muchos recursos hasta para autoabastecerse, con lo que puedan seguir produciendo o con lo que se da de manera silvestre en ella, pudiendo ser autosuficientes con los recursos naturales renovables que genera. La tierra es la despensa natural de alimentos para todos los seres humanos y las demás especies, fuente de la vida misma, de salud, de aprovisionamiento para todos los seres que la habitan; no sigan acabando con sus recursos naturales, sean prudentes con lo que cultivan y lo que cosechan, para que tengan asegurado el pan de cada día en un futuro inmediato; reforesten las cuencas de los ríos, detengan la quema y la tala indiscriminada de bosques y planifiquen un mejor futuro para la humanidad, con base en el amor incondicional hacia el prójimo. En sus manos está la salvaguarda del planeta y de todas las especies animales y la supervivencia del mismo ser humano, despójense de tanto mal que les está haciendo daño y que inmediatamente les afecta el espíritu y les está enfermando la materia, por la misma aflicción que les causa un daño moral, no les deja ver la luz para seguir avanzando en el camino, porque están enceguecidos y no encuentran el camino.

No sigan siendo egoístas, aparten el odio de sus corazones, despójense de la ira que mata y envenena el alma, para que no se hagan tanto daño con ella, dejen a un lado la envidia y el rencor, entre otros males que los están afectando y no los dejan seguir progresando y escalando posiciones en el amor hacia el prójimo; dejen la apatía ante los hechos de dolor que los enluta cada día, apersónense del dolor ajeno, tomen con amor los correctivos del caso para que sigan viviendo felices la vida y en comunión con todos sus hermanos.

Hay seres humanos que teniendo tanto poder y dinero, son pobres de espíritu e insensibles con el dolor ajeno. Lo mínimo que puede hacer un ser humano por sus hermanos necesitados, es pedirle en oración al Padre creador por ellos y animarlos con un buen consejo a seguir en el camino y a luchar por sus ideales, y ni eso hacen, siendo algo tan sencillo como la oración para que tengan luz y esperanza los desvalidos de mañana tener un mejor amanecer con la ayuda que les puedan prestar, los que viven en mejores condiciones espirituales y materiales. Dios te ha dado la oportunidad de tener bienes materiales en abundancia, porque así lo pediste en algún momento sea en la tierra o en el cielo, y te los ha dado en custodia como prueba para tu espíritu y en cualquier momento los puedes perder por efecto de la misma prueba o al momento de fallecer y es lo más seguro que tienes, llegaste con las manos vacías del mundo espiritual y con las manos vacías tendrás que regresar algún día al mundo espiritual. Solo tus buenas y malas acciones son las que te llevarás con el espíritu y por más de que atesores riquezas, allá en la tierra tus bienes terrenales se quedarán y tus descendientes formarán un caos con tu partida, si no has dejado las cosas bien claras y definidas; traten de no dejar cabos sueltos en vuestra existencia terrenal, terminen bien la tarea para que no tengan que regresar algún día de la eternidad a terminar lo que ayer dejaron de hacer.

Los bienes materiales son para que los disfruten sanamente sin ninguna ostentación, no es para que hagan daños con ellos a sus semejantes, ni para que ustedes mismos se causen problemas con ellos; tal vez para algunos de los que tienen el poder y están saboreando las mieles del éxito, para ellos el desvalido será un estorbo más para los de su clase y los motiva a conspirar contra la vida de los indefensos, de los que necesitan ayuda, como si fueran sus creadores, desconociendo de antemano las leyes de Dios al causar daño, haciendo a un lado al dueño de la creación, violando sus leyes y las de la naturaleza porque se creen mini dioses en el pequeño y ficticio reino que han creado para su beneficio personal. Muchos de los que mal llaman poderosos, excúsenos que se los digamos así, porque el verdadero poder está en el espíritu y este es el que se va al momento de partir, al dejar su existencia y envoltura material, nada de lo que disfrutaban durante la vida, por más poder terrenal que tuvieran, se los van a poder llevar a la eternidad, solo sus buenas y malas acciones hacia el prójimo son las que se llevarán y serán las llaves para abrir las puertas en el reino de los cielos y las que van a servir para sacar el balance a su paso por la vida terrenal, siendo tus buenas acciones el mérito que tienen para el reconocimiento espiritual en el cielo y sus malas acciones serán la causa de su aflicción en el mundo espiritual, hasta que puedan sanar las heridas que causaron con otra oportunidad de vida. De la misma manera cuando le pidas a Dios y a los encargados de la vida que te ayuden a regresar para enmendar un error del pasado y tener que llegar a repetir la prueba para salir del estancamiento espiritual causado, por las malas acciones en una o varias existencias precedentes, porque se han ido acumulando sumándole otras nuevas deudas más a tu pobre existencia terrenal, porque no has hecho nada para encontrar el camino y llegar a la luz.

A los seres humanos que desconocen las causas espirituales les vamos a dar una luz, para que la tengan en cuenta y reconsideren su posición respecto a los bienes materiales que poseen y al tratamiento que les están dando a sus hermanos indefensos, porque algunos lo tienen todo, creen que pueden hacer con ellos lo que quieran y pueden quitar y poner en cualquier momento de la vida, están equivocados con lo que pretenden hacer con sus hermanos, en detrimento de la vida de ellos y la de sus familiares, porque tal vez hoy estén ocupando una mejor posición social que aquel indefenso ser, por eso son indiferentes con ellos y los quieren atropellar para comprometer su futuro espiritual e inclusive el vuestro. El hecho de que ahora tengas poder terrenal en el espacio infinito de nada te va a servir cuando fallezcas, para sacarte de la deuda espiritual por el daño que causaste, creyendo que en el espacio infinito vas a seguir con tu poder y vas a poder saldar fácilmente la deuda que has dejado en el plano terrenal, cuando tu conciencia allá en el espacio infinito te muestre el daño que has causado por ensalzarte ante tus semejantes y ultrajado sin mérito alguno, entonces vas a querer enmendar tu error inmediatamente cuando ya no se puede porque estas desencarnado; por eso les sugerimos que vivan con sus bienes materiales sin apego y ostentación, denle el mejor trato posible al desvalido, a tu hermano, a tus semejantes, pero que sea con amor, préstenle ayuda y háganlo con humildad.

"Que tu mano izquierda no sepa lo que hace tu mano derecha" Mateo 6:2,3.

No hagan que la felicidad que tienen porque son pudientes, sea la infelicidad del que no lo tiene todo, porque lo consideran débil y creen que pueden hacer con él lo que quieran, porque hoy tienen el poder en sus manos pueden abusar de el, no sigan cometiendo tantas injusticias con el que creen esta maniatado y no se puede mover en busca del sustento diario; cuando tú si lo puedes socorrer nada se te va a quitar, con solo un poquitico de amor hacia él y fuerza de voluntad si sientes odio hacia el desvalido. Que infamia la que cometen todos los días por el poder o con el poder, por la ostentación de los que quieren sacar pecho, para que otros vean lo que ellos hacen con el dolor ajeno y eso supuestamente los hace felices. Vivan en armonía espiritual y en comunión con todos sus hermanos, sin herirse ni ofenderse, lejos de la envidia por querer tener más de lo que los otros tienen, arrópense en unidad familiar para que se ayuden mutuamente y salgan del estancamiento que puedan tener, ya sea espiritual o material, así el otro sea un desconocido, no se aprovechen de la confianza que les da, no hagan daño a la persona que les acoge y les brinda su mano para ayudarte a parar del lugar en que has caído.

Les podemos decir esto a los que tienen la fortuna de poseer bienes materiales y de vivir en la abundancia material y tal vez llenos de pobreza espiritual por el menoscabo hacia el amor al prójimo; lo hacemos con la finalidad de alertarlos para que no sigan cayendo en ese gran error que se llama indiferencia, que los va conduciendo a pagar una ley de causa y efecto, por no auxiliar al amigo, familiar o semejante; mientras no hagan obras en el amor hacia a Dios y hacia su semejante, correrán con el riesgo de un estancamiento espiritual y el infortunio de tener que reparar el daño que han causado a sus hermanos, en una nueva oportunidad de vida si no corrigen sus errores inmediatamente, eso no lo pueden dejar para el mañana. Les pedimos denle a su espíritu el único alimento que lo nutre y lo enaltece ante Dios Padre creador y hacia ustedes, hermanos, y es el amor sin condiciones; sean solidarios con sus hermanos necesitados para que se abran paso en el camino, sin ninguna dificultad que los pueda estar retrasando, sigan avanzando y aprovechen hasta donde más puedan llegar en su presente existencia, en un mundo cada día más lleno de obstáculos que el mismo hombre ha creado, por el mismo egoísmo que los asalta está colocando obstáculos para sacarlos del camino y hacerles las cosas difíciles de alcanzar. Por eso cada día se están encontrando con una barrera diferente, que deben sortear sabiamente para no ir a caer en la desgracia y poder seguir adelante en el camino, en busca de la luz y la prosperidad espiritual.

Les afirmamos a los materialistas y a todos aquellos que están viviendo en la ilegalidad y están haciendo lo que quieren sin ningún asomo de pudor, causando daño y dolor, les podemos decir que su reino es terrenal y acá en la eternidad los seguiremos esperando cuando partan de regreso hacia el mundo espiritual; ojala Dios les dé una gracia en vida aunque sea pasajera, de tener una visión para que les sirva de lección y se puedan encontrar con ese humilde ser que ayer alcanzaron a ultrajar y lo vean en el mundo espiritual ocupando un mejor lugar del que tenía ayer en el plano terrenal. Justamente usted, por su poder terrenal, logró aprovecharse de eso para engañarlo, para ultrajarlo y sacar provecho de todo lo que él le pudo servir sin darle algún reconocimiento, ahora usted está pidiéndole su ayuda para que lo saque del lugar en que está sufriendo en el espacio infinito, cuando ayer usted por vivir en mejores condiciones no le prestó la debida atención cuando tal vez era su sirviente y creyó haber opacado a su espíritu para siempre. Esta es una paradoja que cada día tienen que vivir los pudientes en la tierra y pobres de espíritu en el espacio infinito; al que ayer mirabas de reojo y por encima del hombro, hoy le debes reverencia y él humildemente, con la nobleza de su espíritu, te brindará su mano para socorrerte y te sacará del lugar en que has caído, haciéndole honores al amor sin condición alguna.

Te vamos a mostrar otra paradoja de la vida, que a diario los pobres de espíritu están cometiendo ese error por la ligereza en que toman sus pensamientos y creen que lo que van a hacer es la mejor determinación que han tomado para sus vidas. Usted puede amar mucho a su hijo, a su compañera o compañero y pueden fallecer el mismo día a la misma hora, o suicidarse abrazados o cogidos de la mano como lo hacen absurdamente los débiles de espíritu; así abraces a tu hijo o a tu compañera al momento de partir, no se van a encontrar con ellos en el mismo lugar, en el mundo espiritual por el simple hecho de haber desencarnado el mismo día y a la misma hora, inclusive ni en el mismo sitio en que se produjo su deceso de forma trágica se van a poder ver, porque el estado de turbación espiritual no se los permite y el nivel y el progreso espiritual de cada ser es diferente, debiendo partir cada uno hacia el lugar que nuestro Padre Celestial le tiene destinado para su recuperación moral. "En la casa de mi Padre muchas moradas hay" Juan 14:2. Y cada uno la ira ocupando según el adelantamiento espiritual que haya alcanzado hasta ese momento, en su aprendizaje a su paso transitorio por el plano terrenal, en busca de la luz para su ascenso espiritual, habiendo dejado por su suicidio su obra y su tarea huérfanas.

No desconocemos a los pudientes en la tierra, con grandes fortunas, cuyo poder económico les puede dar para vivir cómodamente, cinco o diez existencias más; muchos de los hombres más poderosos del mundo, si por si acaso volvieran a reencarnar en el mismo núcleo familiar que acaban de dejar, que dejaron su inmensa fortuna al momento de partir y pudieran retomar lo que han dejado en una nueva existencia, como si hubieran entregado sus bienes en custodia a sus familiares, librándose de poder ser heredados, para seguir en el camino haciendo el bien o haciendo el mal, de acuerdo a lo que estaban haciendo, justo hasta el momento antes de partir, hasta se enloquecerían con lo que tienen y harían lo que no tienen que hacer, abusando nuevamente hasta del poder que tienen, otros por su poder económico asumen el papel de filántropos tal vez para ocultar su maldad en una soterrada misantropía.

"A Dios rogando y con el mazo dando". Ustedes no llegaron a la vida por casualidad y cada uno de ustedes, hijos de Dios, está en el lugar que quiso estar durante su vida terrenal, gracias al trabajo que hicieron de antemano acá en el espacio infinito para llegar a ocupar el espacio que están ocupando, porque así lo quisieron y así lo diseñaron en su proyecto de vida que trazaron para emprender su existencia terrenal. Todos en general sois hijos de Dios y Él les ha permitido en ese amor que realicen sus proyectos y los terminen a cabalidad; muchos se han salido del patrón moral que trazaron para su vida y Dios se los permite por estar enmarcado en el libre albedrío para vuestro continuo aprendizaje y el fortalecimiento espiritual, por las calamidades que tienen que pasar a lo largo de sus vidas. El libre albedrío no les ha sido dado para hacer lo que les plazca, ni para hacer ni deshacer de la creación la obra de Dios justo y soberano.

Desde el mundo espiritual vemos con extrañeza y mucha preocupación cosas tan absurdas como el querer de algunos pocos de seres humanos que tienen poder y de algunos que no lo tienen. Los primeros, aun por lo poco que tienen, se creen con la facultad y la potestad de pretender disminuir la población mundial, como si a ellos les afectara moral y espiritualmente que otros seres humanos lleguen a la vida a compartir y a disfrutar de los mismos espacios que están ocupando o creer que los que van llegando los van a desplazar, cuando ellos también en su momento pidieron llegar a la vida en una lógica y natural renovación generacional, que busca que cada día lleguen espíritus de luz y de progreso para que se eleven con ellos las vibraciones espirituales en la tierra, para que quizás algún día la tierra ya no sea un plano de expiación y de prueba, sino un plano de regeneración intermedio, con menos sufrimientos y sentimientos de apego y de dolor hacia la materia perecedera sujeta a los dolores y a la muerte. Unos llegan a cumplir con su cronograma de vida para seguir avanzando haciendo su trabajo con base en el amor, buscando el progreso para los seres humanos y el de su propio progreso espiritual, mientras otros parten hacia el mundo espiritual a presentar el balance de su vida y a renovarse recibiendo nuevas instrucciones de sus hermanos mayores y de sus guías espirituales, para luego esperar un nueva oportunidad, si por si acaso su misión no la han cumplido a cabalidad o les cortaron la existencia antes de cumplir la misión por la que habían nacido.

A los llamados poderosos por su poder económico, les podemos recordar que también hacen parte de ese todo que se llama vida y llegaron al mundo como cualquier otro simple y humilde ciudadano que empezó de cero y solo llegaron con la ganancia espiritual, que han ido acumulando con las diferentes existencias que han ido teniendo, y han logrado en su presente existencia construir un emporio gracias a su trabajo de una forma o de otra, al contrario de otros cuyas riquezas fueron heredadas. Muchos con el dinero han visto la luz y han tenido la esperanza de alcanzar sus sueños materiales, logrando un nuevo amanecer, pero de qué les sirve si no logran alimentar el espíritu en el amor al prójimo, para que alcancen la gracia de Dios y se congracien con el Padre creador, el mundo espiritual y vivan en completa paz y en armonía con todos sus hermanos. Cada uno de usted está en el lugar indicado que quiso algún día estar y tiene lo que pidió tener y si era merecedor a tenerlo lo ha conseguido. Tenlo muy presente que, si no haces obras en el amor incondicional al projimo tu ganancia espiritual que llevabas hasta tu presente existencia se quedará estancada.

¿Será que Dios con todo su inmenso poder y sabiduría va a querer mermar la cantidad de espíritus que existen en la inmensidad del universo y muchos de ellos están listos para tomar vida material? Y siendo Dios lo puede hacer, pero su amor es inmenso e incondicional y a todos les ha dado y les seguirá dando a su medida y nunca estará dentro de sus designios mermar la llegada de más seres humanos al plano terrenal, en una lógica renovación generacional. Él es el amo y señor, antes de quitarles les seguirá dando oportunidades para que saquen sus proyectos adelante y busquen igualmente su salvación y la del planeta

.

Qué irreverentes son con la vida algunos seres humanos, que están buscando la reducción de la especie humana con cualquier coartada o porque son los seres humanos más adinerados del planeta se creen ser sus dueños; a cada uno de ellos les ira llegando el momento de partir en una lógica y natural renovación generacional de los seres humanos en la tierra. Queremos decirles que Dios es amor infinito e incondicional, siempre ha querido lo mejor para cada uno de sus hijos, por eso les dio a los seres humanos libertad enmarcada en el libre albedrío, para que cada cual busque su progreso responsablemente sin hacerle daño a su semejante, por ende los hizo a su imagen y semejanza, no queriendo decir con ello que los seres humanos son dioses y los llamados a destruir su obra, porque todos distinguen qué es el bien y qué es el mal, y es el bien que sobrepuja al mal y la causal de ascenso espiritual cuando haces las cosas bien y de estancamiento cuando haces las cosas mal, llevándote a repetir la tarea por tu obstinación e irrespeto hacia tus semejantes y a la obra de Dios.

No pueden seguir mostrándose como filántropos a la luz de la humanidad y, por el otro lado, estar actuando de manera egoísta con la vida y en contra de lo que están haciendo sus semejantes por el bien de todos. Muchos en estos momentos están apoyando causas que van en contra de la vida como el aborto, en donde se ve comprometida la vida de un ser humano indefenso y puede estar en riesgo la vida de la madre gestante. Estos penosos eventos que se están dando cada día, están marcando el degenero y el retroceso de la raza humana, con estos aberrantes hechos que se están sucediendo en el día a día, se va degradando la raza humana porque no hay autoridad moral que los pare, por estar algunos de ellos inmersos en el delito; es motivo de tristeza en el mundo espiritual, ver como someten a su semejante a actos de bajeza espiritual que atentan contra la moral pública y la honra de las personas, como lo están haciendo con la pedofilia y las violaciones, entre otros abusos a que son sometidas vuestras niñas y vuestros niños. Estos penosos actos de humillación no son controlados hasta hoy en día, por la altanería de los hombres, por la baja moral en que han caído y las malas vibraciones que los arropan, que los induce a cometer errores; cada día han ido perdiendo la autoestima y los valores morales y se dejan fácilmente permear de la maldad, de los hombres que viven de la ilegalidad. En esta misión deben luchar por la dignidad de los seres humanos y la salvaguarda del planeta, por eso el padre creador lo hizo a su imagen lo creó hombre, lo creó mujer, para la preservación de la raza humana, en su sabio entender; si Dios hubiera buscado otras cosas para la vida humana, los habría hecho o todos hombres o todas mujeres, o habría dejado nada más a las plantas y a los animales, o usted dese la oportunidad de escoger qué hubieras preferido para su vida, imagínese si todos fueran hombres o todas fueran mujeres ¿Cómo vivirían? ¿Tal vez sería algo natural y mirarían las cosas sin ningún tabú? Eso sí les podemos dejar muy en claro que Dios y el mundo espiritual respetan el libre albedrío de cada ser que habita en la tierra y en el espacio infinito; inclusive los seres humanos deben respetar las decisiones que cada ser toma para su vida, allá cada cual será el dueño del camino que va escoger y el responsable de sus actos, si se desvía del camino que tenía inicialmente trazado, ojalá tome las mejores decisiones para su vida, para que no afecten su futuro espiritual y su ascenso sea rápido y no tenga mañana que volver a repetir la tarea, por culpa de un error material que comprometió a su espíritu en el futuro, en una deuda más de ley de causa y efecto, que algún día tendrá que llegar a remediar y cuando ya haya subsanado su error tendrá su merecida recompensa, representada en luz y prosperidad espiritual para su espíritu.

Ningún ser humano llegará o llegó a la vida, con la esperanza de hacer daño, todos nacieron en ese amor incondicional del Padre creador hacia sus hijos y todos ustedes tienen ese principio de amor en su espíritu y lo han irradiado a su corazón humano, para que tengan ese sentimiento afectivo presente en su vida diaria y no les hagan daño a sus semejantes. Dios es ese el amor universal y está representado en su espíritu, en el aire que respiran, en las aguas de los ríos, los mares, en cada árbol de la naturaleza y, en fin, en todo lo que les rodea, ya sea en la tierra o en el aire, en el agua o en el fuego, de oeste a este y de norte a sur, por cualquier lugar del espacio infinito por el que transiten allí estará Dios presente y, por ende, muchos seres espirituales igualmente observándolos y tomando nota de lo que están haciendo. Como sus guías espirituales que son, los que tienen cada día a su mano, para que los ayuden a salir adelante cuando se han detenido en el camino, porque no encuentran la solución a uno de vuestros problemas y ellos con ese destello divino iluminan a vuestro espíritu y le inspiran ideas que inducen a tomar el mejor camino para que tengan éxito en lo que hagan en nombre de Dios Padre creador.

Dios el arquitecto universal permite que haya en la vida las causas que ustedes creen y consideran que son injusticias para que aprendan con amor y restablezcan los valores morales y espirituales que han perdido y no solo se acuerden del Padre creador y del mundo espiritual cuando ya están en las últimas y se encuentran acosados por alguna necesidad, o por los eventos de la naturaleza, que son los que más los atormentan. Y es en estos instantes cuando se ven acorralados es que restablecen la espiritualidad que tienen y entran en comunión con Dios y el mundo espiritual, que siempre los ha acompañado en ese ir y venir; nada de lo que les suceda o van a hacer durante vuestra existencia terrenal será por cosas del azar, todo está en sincronía en el plan de vida que cada ser quiso tener en su existencia, como experiencia personal. Y llegarán al mundo material con las manos vacías a trabajar en amor, sin apego religioso y fanatismo alguno que los vaya a hacer perder en el camino, entonces arriban radiantes de felicidad con las ganas de trabajar y motivados por la oportunidad que tienen de vivir y de ser útiles a la sociedad en una nueva existencia, que deben aprovechar para pagar sus deudas kármicas y seguir con el continuo aprendizaje en cada nuevo amanecer que capten como espíritus encarnados; todos tienen y traen los conocimientos necesarios para la vida y saben que si hacen bien las cosas en el trabajo que desempeñen durante la vida terrenal, basados en el amor hacia el prójimo, les representará en un futuro inmediato luz y ascenso espiritual a su espíritu a su regreso al mundo espiritual cuando desencarnen. Es por eso que entre los deseos que trae cada ser a la vida, para realizar su labor en su paso transitorio por la tierra, está la solidaridad y el amor incondicional hacia el prójimo, sentimientos afectivos que los impulsan a trabajar por el desvalido o por los derechos humanos para que todo sea justo, equitativo y haya armonía espiritual entre todos los seres humanos y el universo que los rodea, con todos sus componentes, animales, vegetales, minerales, etc., que le han ido dando formación al globo terrenal a través de los siglos y que deben cuidar para evitar la paulatina destrucción y la desaparición del planeta.

Algunos llegarán para aprender, en busca de su progreso espiritual, para seguir ascendiendo en la escala evolutiva, siendo este su principal objetivo, y surgen a la vida dotados de grandes virtudes e ideales, para realizar su labor durante su pasantía terrenal, naciendo igualmente exentos de todos los males que están afectando a los que ya están viviendo en el mundo terrenal porque se encuentran contaminados de odio, de indiferencia, de envidia, celos, rencor, de la maldad y del egoísmo, entre otras penas que los aquejan y no los dejan avanzar en busca de progreso espiritual y material, causándole estancamiento espiritual a su espíritu, porque están enceguecidos y no pueden ver la luz. Todos en general van animados y predispuestos a hacer las cosas bien y con las ganas de aprender para seguir ascendiendo en la escala evolutiva, arribando a la tierra a trabajar en el amor hacia el prójimo y en las causas comunes que afligen a los seres humanos y poder lograr con su trabajo armonizar las vibraciones del plano terrenal, para que puedan vibrar en una mejor frecuencia espiritual y conquistar una nueva dimensión espiritual de mayor trascendencia para el espíritu.

Todos cuando nacen llegan a la vida con la esperanza de hacer bien la tarea y tal vez no tener que volver a repetirla, solo les asiste el deseo de salir triunfantes de su prueba terrenal, porque saben que allá en el espacio infinito estarán esperándolos con su gratificación espiritual, por la buena labor realizada durante la vida material; su espíritu ha ganado luz espiritual y un peldaño más para su purificación en la escala evolutiva, por perdonar y haber sido perdonado, encontrando paz y armonía con sus hermanos espirituales y terrenales, logrando salir triunfante y con la deuda del pasado ya cancelada.

Unos por su adelanto espiritual y por la voluntad de Dios con la misión que tienen, llegarán tal vez a la tierra con la función de maestros y de guías espirituales materiales, porque tienen la experiencia y están capacitados para hacerlo y ellos así lo pidieron para auxiliarlos y sacarlos del abismo en que han ido cayendo los seres humanos, en donde pocos se están salvando por lo que viven haciendo a diario con todos sus hermanos, en detrimento de la naturaleza y de su misma especie que cada día está más agobiada y al borde de desaparecer del planeta, por lo que están haciendo de la raza humana los insensibles con la vida, ya sea por avaricia, por egoísmo o cualquier otro mal que los haya permeado; se están diezmando por algún conflicto de intereses personal o global.

Cada día que viene están arriesgando hasta su propia vida y les es indiferente a quién van a ofender o a quién van agredir, no les importa si es su padre, si es su hijo o es su hermano, y así proceden a herirlo ya sea de palabra, de cuerpo, dejándolo tal vez incapacitado de por vida, mientras otros se atreven a cortarle los hilos de la existencia terrenal a su semejante, apagando una luz y matando una esperanza para sus familiares y tal vez para la humanidad si era un ser notable o lo iba a ser, un ser que defendía o iba a defender los derechos humanos a todo pulmón pidiendo el respeto por la vida.

No pueden seguir dejando a que el odio, la indiferencia, el rencor o cualquier otro mal que los pueda estar asechando, para inducirlos a cometer cualquier arbitrariedad, los permee y los vaya llevando a cometer fechorías y arriesgar hasta sus propias vidas. Este es el trabajo que vienen a hacer los maestros con los que ya han nacido y los que van naciendo y entre la misión que traen es combatir la degradación moral y empezar a infundirles nuevos valores morales, inculcándoles el respeto entre los seres humanos, el cuidado de la vida desde la fecundación y la concepción, la preservación de la naturaleza, la conservación del medio ambiente, para que la biodiversidad sea abundante y las especies vegetales y animales no desaparezcan paulatinamente de la tierra. Hoy en día está en peligro hasta la existencia de los mismos seres humanos, por las agresiones visibles o invisibles que se están haciendo, cuando se trata de tecnologías que están emitiendo ondas electromagnéticas con sus estaciones de radio frecuencia; es hora de que le den la solución adecuada a todo lo que está afectando vuestro entorno que, representa un peligro para la vida y la misma naturaleza; dejen a un lado el materialismo y adéntrense en la espiritualidad si la tienen aletargada despiértenla.

No permitan que las nuevas tecnologías, que los están invadiendo día tras día, sean nocivas para la salud, para la vida y las especies animales, por las radiaciones que emiten estos aparatos cuando están en funcionamiento y algunos hacen daño estando hasta en el mismo reposo, por las mismas energías acumuladas durante su funcionamiento; por ahorrarse y ganarse unos cuantos minutos y unos cuantos pesos en los procesos que adelantan están poniendo en riesgo la vida humana y la extinción de algunas especies animales y vegetales. Además, ya han podido observar como algunos electrodomésticos y aparatos usados para la ciencia y la tecnología han ido desapareciendo poco a poco del mercado, por lo nocivos que eran para la salud, sin olvidar que la disposición final de sus residuos tóxicos cuando quedan inservibles terminan afectando el medio ambiente y la capa de ozono.

Deben de prestarle igualmente atención a la energía nuclear y a las que están produciendo mediante controles para que cada día sean más limpias y no afecten el medio ambiente y a las comunidades que viven al pie de estos centros energéticos, por las radiaciones que producen estas estaciones en franca obsolescencia; igualmente están usando la tecnología de sus redes sociales, para ofenderse, para calumniarse, para chantajearse, o para planear cualquier otra clase de artimaña, para atentar contra el mismo ser humano y mantener aterrorizado a su semejante. No pueden seguir usando las redes sociales y los medios de comunicación para escudarse en ellos y hacerse daño, aprovechen los medios de comunicación y sus redes sociales de la mejor manera posible para que los seres humanos tengan una buena educación y cultura; sigan avanzando hacia un mundo más culto y mucho mejor, usen sus medios de comunicación para orientar a la comunidad y no para desorientarla y aterrorizarla, con la manipulación de los medios que se está dando hoy en día, por el mismo hombre que les está ocultando la verdad, para mantener atormentados a los pobres de espíritu, inclusive esta información asusta a los mismos personajes que trasmiten dichos comunicados de boca en boca, volviendo la noticia una bola de nieve porque les pagan para seguir aterrorizando a la humanidad, para desorientarla y mantenerla preocupada, esto menoscaba la salud mental de las personas que son seguidoras de este tipo de noticias y va en beneficio de unos cuantos que buscan lucrarse con la mala información que difunden y procesan por estos medios o por las redes sociales.

Por favor usen sus redes sociales y sus medios de comunicación con pulcritud, en beneficio de las comunidades que regentan, para que no sigan llevando con el amarillismo y las noticias falsas a sus semejantes a la paranoia, y así evitan que en el mundo aumenten los casos de morbilidad y de estrés por esa clase de noticias que han sido manipuladas para seguir sometiendo a los débiles de espíritu. Dios no los hizo para que vivan engañados, ni engañando a los demás, sino para que cada ser en la tierra encuentre la luz y la pueda ver y se la trasmita a sus semejantes, siga su camino cosechando su progreso espiritual y sea la luz de la esperanza del que lo antecedió y estaba urgido de quien lo orientará, para también poder encontrar la luz dele buena utilidad a sus conocimientos en beneficio del que no lo sabe, para que aprenda de la misma manera y sea otro multiplicador cuando también encuentre la luz en su camino.

Les pedimos responsabilidad a los gobiernos y las entidades encargadas de autorizar licencias ambientales, farmacéuticas y todo lo que tenga que ver con autorizaciones legales y las nuevas tecnologías para establecer industrias en sus territorios, en donde pueda estar comprometida la naturaleza, con la vida silvestre que se da o la misma vida humana o se corra con el riesgo de padecer alguna mutación genética, enfermedad o una discapacidad general tomen los correctivos del caso, con investigaciones serias antes de aprobar dichos proyectos, no se dejen incentivar por los que quieren sacar estos proyectos adelante, sin los respectivos estudios de factibilidad, en donde pueda estar comprometida su misma vida y la vida de su familia, para que mañana los que buscan lucrarse con estos proyectos no vayan a tener que lamentarse.

En cuanto a lo que están haciendo algunos seres humanos, que están acabando con todos los recursos naturales como aves de rapiña, los que están contaminando el medio ambiente, con la quema indiscriminada de bosques, con la disposición final de residuos sólidos y de basuras a cielo abierto, mucho cuidado con este mal proceder que tienen contra la naturaleza, cuídenla y no dejen que el agua se agote en el planeta, cuiden de sus recursos hídricos, no los contaminen, en otros lugares del espacio y del mismo planeta no los hay, reforesten las cuencas de los ríos, no permitan la construcción de industrias y de viviendas en su riveras que contaminen sus aguas con elementos tóxicos para la salud, no sigan dejando que la contaminación siga llegando a los mares, gran fuente de vitaminas y de recursos minerales, en cuyas aguas van a encontrar todos los elementos químicos de la tabla periódica, igualmente son reserva alimentaria y generadora de vida animal y vegetal.

Cuiden de la madre naturaleza, de sus especies animales y vegetales, de sus ríos, de sus mares, protejan su capa de ozono de los agentes químicos y aerosoles, para que los rayos ultravioletas del sol no les hagan daño, no contaminen el aire que respiran, preserven todo lo que genere vida para que mañana tengan una tierra prometedora y acogedora para todos los seres que la habitan.

Imagen tomada de fuentes libres de internet.
https://www.istockphoto.com/photo/gm1205289672-
347146963?utm_source=pixabay&utm_medium=affiliate&utm_
campaign=SRP_image_sponsored&referrer_url=https%3A//
pixabay.com/es/images/search/amanecer/%3Fpagi%3D2&utm_ter-
m=amanecer

La Tierra Prometida

Desde hace mucho tiempo los seres humanos vienen en un juego peligroso con la vida, creyéndose amos y señores en los espacios que están ocupando, creen que pueden quitar y poner en cualquier momento y de pronto quitar muchas veces hasta una vida, desconociendo las leyes de la creación y sus mandamientos, que fueron escritos para la salvación de un pueblo en su tiempo y no los pueden seguir relacionando o encasillando con religión alguna de todas las que existen en la tierra, para el perfeccionamiento moral de todos los seres humanos, que han sido fundadas por los hombres, nacidas un buen número de ellas por conveniencia y aprovechadas como una industria por la inmoralidad de algunos seres humanos que han encontrado así una fuente de hacer dinero, aprovechándose de la fe de sus seguidores para lucrarse.

No estamos en contra de ninguna religión, ni de iglesia alguna fundada en la faz de la tierra por los seres humanos, pero sí disentimos mucho del manejo que les están dando a estos cultos, pues los están utilizando para aprovecharse de la fe de sus hermanos y sacar partido de la creencia que ellos profesan; allá usted que es el que se está engañando y cree que está engañando a nuestro Padre creador e inclusive a los espíritus de los hermanos que asisten a dichas iglesias o congregación misionera: así mismo, se podrán seguir preguntando ¿Cuál es la religión de Dios? Con esta es la segunda vez que te lo preguntamos en este libro, y a simple vista a estas alturas te darás cuenta que Él es universal y en ninguna de ellas lo podrás encasillar, siendo Dios el amo y Señor de todas las cosas habidas y por haber; Él es la fuente de viva luz y de espiritualidad que alimenta a todos los seres humanos para su fortalecimiento espiritual.

Si ustedes saben ¿cuál es la religión de Dios? o la que profesaba el maestro Jesús de Nazaret, nuestra más grande admiración por saberlo porque acá en el espacio infinito no existe ningún tipo de religión o culto que los obligue cuando reencarnen y vuelven a la vida material, para que no lleguen encasillados en religión alguna de todas las que existen en la tierra ni sean sus seguidores. Jesús de Nazaret no fundó ninguna iglesia de las que hay establecidas sobre la tierra, la doctrina que Él promulgaba era universal y predicada al aire libre, fundamentada en el amor incondicional hacia el prójimo, siendo el mayor ejemplo de humildad a seguir por todos los seres humanos: "Si te dan en una mejilla pon la otra". Pero eso sí, desde el mundo espiritual les agradecemos a todos los hermanos que están evangelizando con amor y sin ninguna contraprestación material, buscando con esto unir a los pueblos en el amor a su prójimo y es un gran avance que han hecho pero no deben aprovecharse para conseguir recursos en beneficio de unos cuantos; muchos de estos hermanos evangelizadores lo están haciendo más por la espiritualidad innata que tienen, que por la misma religión que profesan, esta solo les ha servido para escudarse en ella. Han de tener muy en cuenta que su espiritualidad no deben confundirla o asimilarla con religión alguna de las que hay en la tierra, es un atributo que viene con el espíritu desde el espacio infinito. Allá usted si la ha perdido momentáneamente y está aletargado, despiértela que en todos los seres humanos la espiritualidad es innata y es la que los enaltece cuando la hacen notar con humildad.

Los mandamientos son normas morales que en la antigüedad fueron dictadas por Dios a Moisés en el monte Sinaí, después de haber sacado a su pueblo de Egipto, en busca de la tierra prometida, liberándolos de la esclavitud y la opresión del Faraón; y por la misma perdición que había entre los egipcios, el pueblo de Dios se estaba desviando del camino de la luz, contagiado de los vicios y las malas costumbres del pueblo egipcio que vivía en bacanales y en francachelas; Dios en su inmensa sabiduría, con la ayuda de Moisés, vio la necesidad de liberar a su pueblo del yugo opresor del faraón y de su servidumbre, por los hechos de inmoralidad que atentaban contra su pueblo y no los estaban dejando prosperar espiritualmente.

El decálogo de mandamientos y la ley Mosaica fueron la luz de la esperanza y la base moral para que los israelitas tuvieran un patrón de vida a seguir en la tierra que Dios les había prometido, buscando Dios con sus leyes la salvación de su pueblo oprimido, por las injusticias que cometía el faraón y los actos de inmoralidad e indisciplina en que vivía el pueblo egipcio, que afectaban la convivencia de los israelitas. Esa era la visión de Dios, sacar hacia una nueva tierra a su pueblo de Egipto, liderados por Moisés el hombre en quien confió a su pueblo. Emprendieron el éxodo hacia la tierra que Él les prometió, para que su pueblo pudiera seguir por un buen camino, libres de odio y de la maldad de los egipcios que los acosaban desde ese tiempo hasta hoy en día. Aun cuando las religiones adoptaron el decálogo de mandamientos como norma moral, para que fueran seguidos por todos los seres humanos, cada día siguen infringiendo las leyes de Dios e inclusive las de los mismos hombres, para hacerse daño sin ningún tipo de arrepentimiento, porque tal vez dudan de la existencia y la presencia de Dios en el universo infinito, mientras otros son agnósticos y se creen con el derecho de abrogar la ley de Dios, para seguir causando un caos en la tierra, con los actos de corrupción y de violencia que se les están presentando a todo nivel y ya casi nadie está exento de que algo malo le pueda suceder y que cualquier cosa le pueda lesionar. Crezcan y evolucionen en el amor al prójimo, para que puedan vivir en paz, sin odio y sin rencor hacia sus semejantes.

Dios hizo a los seres humanos a su imagen y semejanza; siendo Él el dueño de la vida, animal y vegetal, creó desde un principio el universo, la tierra y permitió la existencia de cada ser humano en ella para poblarla y fuera el hogar de paso transitorio para muchos espíritus que llegaran después del primer hombre Adán y la primera mujer Eva, y ese fue el motivo de sus sabias palabras "Creced y multiplicaos" Génesis 1:28, lo dijo con amor hacia sus hijos, dotando a los seres humanos de inteligencia y sabiduría; les dio el libre albedrío, pero los hace responsables de sus actos, para que cada uno de ustedes pueda continuar con su obra o alejarse de ella y dejar un legado en el amor incondicional hacia el prójimo.

Los tiempos han ido cambiando y seguirán cambiando a medida que se vaya acercando cada quien al final de los tiempos de su partida terrenal, hasta la misma palabra de Dios la han cambiado, ha sido tergiversada y amañada, para embaucar a los incautos que necesitan de la palabra para nutrirse de ella, y algunos inescrupulosos han hecho de ella un negocio, cuando debe ser predicada con amor y sin retribución alguna; cada cual la ha estado interpretando a su manera, para ganar adeptos, y al que más bulla haga es el que más escuchan y en el que más creen, cuando la misma palabra de Dios dice: "Pero tú, cuando ores, entra en tu aposento, y cuando hayas cerrado la puerta, ora a tu Padre que está en secreto, y tu Padre, que ve en lo secreto, te recompensará" Mateo 6:6.

Difundan la palabra de Dios sin ninguna ostentación hacia los que la desconocen, esta es gratuita y debe salir desde el interior de cada ser por su misma espiritualidad y debe ser difundida con amor hacia el Padre creador, pidiendo el beneficio espiritual para el prójimo, en un verdadero gesto de humildad hacia su hermano, que busca una voz que lo consuele y le ayude a encontrar la luz que alumbre su camino y pueda alcanzar prosperidad espiritual, para seguir viviendo en paz escalando posiciones.

La espiritualidad y el amor son atributos que trae el espíritu desde su creación y son dones universales en cualquier parte del mundo para fortalecer los lazos afectivos entre una civilización y la otra; por el materialismo algunos hombres se han olvidado de la espiritualidad que tienen y el amor que los proyecta a "Amar al prójimo como a ti mismo" Mateo 22:39. ¿Qué tal si no existiera el amor desde un principio de la creación? Los hechos de violencia serían cada día más salvajes y ninguno de los seres humanos se salvaría de una agresión, muchos se han salvado por esos instantes de compasión que han podido tener los que iban a ser sus verdugos, perdonándoles la vida en ese pequeño instante en que una divina luz les iluminó la conciencia, por la ayuda del mundo espiritual y de sus guías y protectores espirituales que los han salvado.

La espiritualidad viene desde un principio con el espíritu de cada ser y le están dando atributos religiosos para poderlos llamar santo; muchos seres humanos han sobresalido en la tierra por su espiritualidad, porque Dios se lo permitió cuando diseñó su proyecto de vida y por merecimiento y su nivel espiritual llegaron al mundo terrenal a desempeñar su labor, con el desvalido, con el desorientado, con el necesitado de amor, para orientarlos y ayudarlos a salir adelante con sus necesidades ¿Cuántos seres con grandeza espiritual han sido inmolados por los hombres, impedidos de terminar su labor y tarea por la que nacieron? Y cuando lastimosamente sucede esto, lo acogen en las iglesias como el Santo de su devoción, les podemos decir que acá en el mundo espiritual, solo existen espíritus obedeciendo a diferentes órdenes en la escala evolutiva, que puede empezar desde espíritus de luz y progreso, hasta espíritus imperfectos, siendo bastante amplia la clasificación espiritual. Por normas eclesiásticas allá en la tierra es el lugar en donde predominan los santos y cada uno de vosotros es un santo y una virgen en potencia y en menor grado si no están cumpliendo con la ley de Dios a cabalidad en la tierra, y nada tiene que ver la clasificación de los seres humanos en la tierra, con la clasificación espiritual acá en el espacio infinito que fue diseñada por Dios. Algunas religiones elevan a los seres humanos que han hecho una buena labor en la tierra al nivel de santos o de virgen, mientras acá en el mundo espiritual ese ser que llaman santo allá en la tierra, podrá estar ocupando el nivel de un espíritu de progreso y ocupará una de las moradas, que nuestro Padre celestial le tiene destinada según su progreso espiritual. Y en lo que respecta a usted humilde ser que está viviendo en la clandestinidad, puede ser su espíritu más elevado que el de aquellos que por cualquier circunstancia hicieron algo en la vida y por lo cual los seres humanos los están llamando santos.

2 En la casa de mi Padre muchas moradas hay; si así no fuera, yo os lo hubiera dicho; voy, pues, a preparar lugar para vosotros" Juan 14:2.

Dios siempre ha permitido que los seres humanos que han hecho grandes obras y han ayudado en la formación espiritual de los seres humanos, hagan presencia espiritual ya desencarnados en cualquier inhóspito lugar o densamente poblado paraje de la tierra, para que se manifiesten y sean recordados por los seres humanos; inclusive esto sucede para que los hombres se enteren de la continuidad que hay entre la vida y la muerte y no teman ante esta transición natural del cuerpo material, con el cambio al estado espiritual, porque cada uno de vosotros es un espíritu y en espíritu llegaron a la vida terrenal y en espíritus tienen que partir hacia el mundo espiritual. Estas presencias espirituales se dan para que los seres humanos se convenzan de que todo no termina en la sepultura: algunas personas creen y están, si se puede decir, más que convencidas que después de la muerte no sigue nada y por eso hacen y deshacen con la vida de los seres humanos, y si son pudientes abusan hasta del poder porque se creen dioses en potencia; muchas personas están atribuyendo estos acontecimientos de apariciones a hechos religiosos y nada tiene que ver con religión alguna la presencia de un ser espiritual en cualquier lugar de la tierra y de señalarlos como un milagro, caso de algunos de estos acontecimientos que han marcado un hito en la historia de la humanidad, como las apariciones de Fátima, la de la virgen de Guadalupe, entre otros hechos notables que los seres humanos los están llamando milagrosos.

Deben entender que el espíritu es la esencia y la razón de existir de los seres humanos y por su naturaleza espiritual son entes radiantes de amor que se han podido equivocar o desviarse del propósito de vida y la misión por la que nacieron por el libre albedrío. Si es la voluntad de Dios, después de fallecer tu espíritu puede hacer presencia espiritual en cualquier lugar de la tierra y presentarse como lo era en vida para que lo reconozcan, inclusive se puede hacer notar con la discapacidad que tenía en vida o sin ella, o con la mascota que él quería, o en el paraje que frecuentaba y por lo regular estos hechos de presencia espiritual se les presentan a personas que no lo conocían, para que le sirva de testimonio proyectado a la humanidad.

La muerte es la luz de la esperanza de todos los seres humanos que trabajan incansablemente, en la búsqueda del progreso espiritual, y en ese largo trajinar que les da la vida la conciencia les va diciendo que el cuerpo no les va a dar más, por alguna enfermedad. O por el mismo deterioro causado por la vejez ya su espíritu quiere dejarlo descansar, hay muchos seres que tal vez están sufriendo y quieren anticipar su momento de partir hacia el mundo espiritual, porque creen que es la mejor y natural manera de parar sus sufrimientos con el suicidio, te podemos dar unos ejemplos y demostrarte lo absurdo que es acortar prematuramente tu existencia por tus propias manos; los que están enfermos quieren acortar su existencia para descansar y salir de su enfermedad, si lo hacen de nada les va a servir al verse vivos al lado de su cadáver y seguir sintiendo los rigores de su enfermedad, los que tienen problemas económicos quieren fallecer y creen que al morir sus deudas quedarán saldadas y eso no es así, porque desde el espacio infinito sus espíritus lucharán para que otros le paguen las deudas que no pudieron cancelar en vida, si esta deuda no es de causa y efecto, porque en otra existencia al ser que hoy le quedó debiendo, hizo lo mismo con él en el pasado, habiendo quedado la deuda cancelada y aunque tú no lo creas, nada en la vida es casualidad, tu espíritu clamará en el espacio infinito a quien le pueda pagar una promesa incumplida, pagar una misa que tú no pagaste en vida, mientras otros por el desamor se suicidan, creyendo que al quitarse la vida, lo están haciendo bien y lo único que están haciendo es que otro ocupe el lugar que ha dejado el difunto. Solo los pobres de espíritu son los que se quitan la vida, no piensan en su futuro espiritual y en el aprendizaje que venían a emprender para su fortalecimiento espiritual, algunos piensan que es valentía quitarse la vida, mientras otros creen que es cobardía, allá tú como lo quieras considerar, para nosotros es falta de humildad y no querer aceptar los compromisos que algún día adquirieron en el espacio infinito y los llevaron a la vida para vivir su experiencia personal y les ha quedado grande la misión y la tarea que algún día pretendieron realizar y la han abortado cortándose la vida. Cada cual mira la vida y la vive como la quiera vivir por tener la libertad para hacerlo, pero sean responsables de lo que hacen y no se quiten la vida por algo que tiene solución, hagan un esfuerzo de voluntad y salgan adelante con sus proyectos de vida, sean valientes y enfrenten las duras pruebas que ustedes mismos eligieron para traer a la vida terrenal, sigan su camino con paso firme y decidido, salgan de sus pruebas con la frente muy en alto; si llegan al caso extremo del suicidio, si lo llegan a hacer al momento de fallecer a tu cuerpo tu espíritu quiere volver, cuando ya no lo puedes hacer.

Te invitamos a no perder la cordura y a ser mesurados con lo que hagas, piénsalo muchas pero muchas veces, antes de tomar una mala decisión que es nefasta para tu espíritu, porque te va a traer estancamiento espiritual con tu suicidio, inclusive tu espíritu se puede quedar atrapado en el lugar en donde se suicidó si no ha reflexionado y tus pruebas se quedarán allí esperando el día que las puedas terminar, hasta cuando logres allá en la eternidad tener una nueva oportunidad para resarcir el daño que has causado. Sé positivo y llénate de valor, sigue adelante y no te quites la vida, eso es algo malo para tu espíritu, no le causes esa pena, ni dolor y sufrimiento a tus familiares y lo más probable es que tengas que regresar en el futuro a terminar con la misión y la obra que has dejado sin terminar, porque nada se termina en la sepultura, sus espíritus trascienden más allá de donde el cuerpo material no puede llegar.

La muerte igualmente es la luz de la esperanza para los que ya han cumplido con la misión por la que nacieron y parten de manera natural, con la esperanza de encontrarse en el cielo con todos sus seres queridos y los amigos que los antecedieron; el espíritu incansable busca a través de la muerte natural salir del cuerpo material para renovarse en el mundo espiritual y continuar con su aprendizaje en las escuelas espirituales, para trabajar en busca de una nueva oportunidad de vida, si así lo desea hacer, para llegar a vivir nuevas experiencias en el mundo terrenal ya sea con vestimenta de mujer o con indumentaria de hombre, el espíritu tiene la oportunidad de volver a escoger libremente, desde su sexo hasta el color de sus ojos y de su piel, planea las condiciones con las que va a llegar a vivir en la vida, si quiere nacer con una discapacidad para pagar una deuda del pasado y si es merecedor a tenerla llegará a la vida con ella, en un gesto de humildad hacia el Padre creador y su hermano ofendido, y estará listo esperando su próxima misión, sin ningún impedimento moral que lo detenga y lo haga desistir de su proyecto de vida, para nuevamente salir en la búsqueda del progreso espiritual y seguir en armonía con el universo infinito.

Dios es el dueño de la vida y el hombre ha venido jugando a ser dios y cada día está buscando como reemplazar al mismo hombre con tecnología y hasta clonándolo, queriendo avanzar más allá de donde no puede ir, con la inteligencia artificial, la robótica, la nanotecnología y lo que puedan hacer con la física nuclear, la computación cuántica, y todas las demás actividades que puedan desarrollar con ese inmenso poder energético que hay en la tierra y en el espacio infinito, que en cualquier momento se les puede salir de las manos mezcladas con la inteligencia artificial y formar un caos de enormes proporciones que podría aterrorizar el mundo. Los seres humanos que están haciendo estas investigaciones y trabajan en estos procesos, ya se creen unos dioses en el pequeño reino que ellos han creado para su beneficio personal y no están midiendo las consecuencias nocivas que traen sus experimentos en el futuro para la humanidad, por las radiaciones y vibraciones que estos artefactos causan en perjuicio de la salud de los seres humanos, la de otras especies animales y vegetales que hay en la naturaleza, inclusive pueden afectar la capa de ozono, el medio ambiente y el espacio exterior, con las radiaciones que emiten los satélites artificiales que está colocando el hombre en la órbita geoestacionaria de la tierra.

Desde hace mucho tiempo los seres humanos vienen en un juego peligroso con la vida y están atentando miserablemente contra sus hermanos, con el fin de ganarse algún dinero.

Hace rato los seres humanos están arriesgando la vida y la de sus hermanos, apostándole más a la consecución de beneficios materiales para satisfacer su ego, no le están prestando atención a los beneficios espirituales, que son los que enaltecen al espíritu allá en el mundo espiritual, que agradan a Dios y a tú prójimo; cada día se están inclinando más por el dinero y algunos lo quieren conseguir de manera fácil para construir su emporio, para vanagloriarse y hacer gala de su poder económico. En vez de optar por el enriquecimiento espiritual para fortalecer el espíritu en el amor, para que no estén expuestos a cometer cualquier acto de barbarie contra sus hermanos indefensos, por la fragilidad de sus espíritus que se han dejado influenciar por los que hacen tránsito por el camino del mal, en donde a algunos, por lucrarse, no les importa a quiénes van a ofender, no les interesa qué vida van a poner en riesgo o quién van a atacar quitándole la vida, si es la de un neonato o la de un anciano que le está siendo útil a la sociedad. Ojo es un llamado de alerta desde el espacio infinito, para los que están en la cúspide y tienen el poder de decidir; sean cautos en lo que están haciendo con los recursos tecnológicos, para que su radio de acción no interfiera en el libre desarrollo de la vida, animal y vegetal, para que la estadía de la especie humana perdure en la tierra y siga siendo parte integral de la naturaleza y sea la misma naturaleza la catalizadora de sus recursos para que no les falten.

Ayuden desde sus posiciones y el poder económico que tienen a construir un mundo más en paz y equitativo, para que todos vibren en el amor incondicional hacia el prójimo y vivan en armonía espiritual y así cada ser encuentre una luz de la esperanza para que puedan resolver sus necesidades y salgan victoriosos en todo lo que se propongan hacer; ustedes también algún día llegaron a la vida, haciendo parte de una gran legión de espíritus, con la misión de trabajar por la salvación de los seres humanos y la salvaguarda del planeta y tal vez algunos con el poder económico que han ido construyendo a través de su existencia, tenían buenos ideales de amor hacia el prójimo, logrando por este simple hecho conseguir lo que tienen, y ahora por el libertinaje que hay están involucrados en causas que afectan a los seres humanos y que los están degradando moralmente, llegando inclusive a conspirar contra la vida, como lo han venido haciendo con el aborto, creyendo que cometiendo este vil crimen se controla la natalidad, cuando existen cientos de métodos de planificación familiar, sabiendo de antemano que a usted no le hubiera gustado ser abortado.

Qué absurdos son los que así piensan y siguen con sus nefastos planes de mermar la raza humana y son patrocinadores del aborto: de igual manera lo están haciendo algunos indolentes con la vida, con la vacunación soterrada que efectúan desde la primera infancia, causa común de algunos males que los afligen y los están afectando en la vida diaria, entre ellos la esterilización que algunas veces la realizan sin ningún consentimiento del ser que desean involucrar en sus ensayos o pruebas de rigor para seguir controlando la natalidad, como si ellos fueran los dueños de la vida o como si algún día ellos no necesitaron de un ser humano en buenas condiciones para que los engendrara y de alguien que los cargara en su útero para poder nacer, cuando lo mínimo que pueden hacer los seres pudientes es cuidar la base de la pirámide, que los llevó a la cima, los seres que trabajaron cada día, cada noche para darte tu fortuna y construir su emporio. Si esa base no es estable y se desmorona usted igualmente caerá porque ellos son los que le sostienen y le ayudaron a conseguir sus riquezas. Sean cautos en lo que hacen con los recursos tecnológicos para que no interfieran en el libre desarrollo de la vida, para que la especie humana perdure en la tierra y se encargue del cuidado de la naturaleza y la preservación del medio ambiente, aunque la naturaleza se puede cuidar sola y florecer todos los días.

Cuiden de los recursos naturales y de los ecosistemas para que no les falte la vida, no contaminen el aire, ni las fuentes hídricas, no destruyan la capa de ozono, por la tala y la quema indiscriminada de bosques, que requirieron de muchos años para su formación; además, los bosques son el hábitat de muchas especies animales, la fuente de oxígeno del aire que respiran, dando igualmente origen a los nacimientos de agua en los páramos o en donde exista la vegetación apropiada para ello. Mantengan el equilibrio de la madre tierra conservando la vegetación, cuidando de los animales silvestres, los ríos, los valles, las montañas y todo aquello que les represente beneficios para la vida animal y vegetal; no profanen sus entrañas en busca de minerales sin ningún control, para enriquecerse en detrimento de la misma vida, cada día a la madre naturaleza la están deteriorando más y eso es la causa de la contaminación que existe y de los movimientos telúricos que se dan, cuiden su hábitat para que puedan seguir viviendo en la tierra, con la protección natural que la madre naturaleza les puede dar.

No apaguen la luz de la esperanza de los que están buscando un nuevo amanecer, causando un retroceso al bajar su interruptor, por los daños materiales que se hacen, al dejar huérfano un proyecto de vida que no se puede terminar por falta de quien lo lideraba, por ser un proyecto de causa espiritual; estos acontecimientos igualmente causarán estancamiento espiritual para el infractor, por violar los parámetros espirituales que van en contra de la creación y rompen la armonía espiritual con el universo infinito. Todos dependen de todos, ayúdense los unos a los otros, sean mejores personas cada día y solidarios con el dolor ajeno, cambien de manera positiva su conciencia, eleven su nivel espiritual para que todo en la vida les sea felicidad y vivan unidos en el amor incondicional; por favor, pónganse en los zapatos de otro para que sepan qué es tener una necesidad, un sufrimiento y, la más grave consecuencia, tener una pena moral que les acongojará toda la vida.

Los maestros, son grandes espíritus de luz y progreso, dueños de grandes valores morales y espirituales, vienen con la misión de pacificar a los seres humanos y sacarlos de las guerras que se libran en la tierra por diferentes razones, entre ellas están el querer adueñarse de un espacio que es ajeno, por los recursos naturales que su territorio tiene, o las guerras ciudadanas que se libran todos los días en vuestros territorios, con los que les gusta la vida fácil o con los que quieren ser los dueños de lo ajeno, en donde muchas veces se ve comprometida la vida humana; guerras que no las han podido derrotar para que haya paz. Combatan la corrupción moral desde las entrañas de sus hogares para que puedan vivir en paz en sus territorios, en sus ciudades, y sea la tierra que Dios ha querido para que todos sus hijos vivan en paz y en armonía, como hermanos.

Una guerra no sirve de nada, ya sea étnica, sea religiosa, o cualquier otra guerra que desees declarar, eso no le da valor espiritual a tu vida, solo trae miseria, dolor, muerte, incertidumbre por el caos que les genera, al mantener aterrorizados a todos los seres humanos, confinados en algún lugar de la tierra, escondiéndose de quien los intimida o se arma para defenderse de una posible agresión, afectando sistemáticamente sus proyectos de vida y el medio ambiente, por las consecuencias que esto les puede traer. Las guerras son innecesarias, acaban con muchas vidas inocentes, causan daños genéticos a los seres humanos y a los animales, que están expuestos a las radiaciones de las bombas nucleares, devastadoras de la naturaleza, acabando con sus recursos no renovables; muchas de estas guerras se han librado por despotismo, orgullo o vanidad del mandatario de turno ya sea para atesorar riquezas o pelear por algo material, por un mineral que no se podrán llevar a la eternidad, sin vencedores ni vencidos, porque todo lo material pertenece al mundo material y lo espiritual regresa al mundo espiritual de donde partió algún día para realizar su misión, la tarea a su paso transitorio por la tierra, en busca del progreso espiritual para ascender en la escala evolutiva y trascender a otra dimensión espiritual.

Ningún ser humano hasta ahora ha encontrado el elixir de la eterna juventud para detener el envejecimiento natural de su cuerpo y muchos menos la inmortalidad de este, para querer llevarlo más allá de los designios de

Dios, cosa que nunca podrán hacer porque Él no lo va a permitir, ya que vuestra existencia en la tierra es pasajera y es usada para el fortalecimiento espiritual, con el aprendizaje continuo en el amor hacia tus hermanos, en un plano en donde hay mucho dolor, mucho sufrimiento y se necesita el perfeccionamiento moral de todos los espíritus para que sigan avanzando y ascendiendo en la escala evolutiva.

¡Qué tal con tantas injusticias que existen en la tierra! si esto sucediera. Si el cuerpo humano fuera inmortal, los seres humanos no tendrían cómo descansar y cómo defenderse y liberarse de forma natural del ser que los oprime y los atormenta, al momento de partir del mundo terrenal hacia el mundo espiritual, en una lógica renovación generacional y espiritual; por eso no creas que porque tienes mucho dinero y poder económico eres el dueño de la vida, que la puedes quitar y poner en el momento que se te plazca. Si te podemos decir algo más y con plena certeza es que a tu partida del mundo terrenal no te vas a poder llevar tus riquezas para el mundo espiritual, son una carga muy pesada para el espíritu y si no las has conseguido de forma lícita pena y sufrimiento les va a causar por el daño que hayan hecho.

Ténganlo muy presente, lo material es de la tierra y en ella se tiene que quedar y eso lo saben muy bien. Si lo ignoras por tu cultura o la tradición de tu país, tenlo muy presente y te vamos a agregar algo más: en cualquier momento en el futuro vas a tener que regresar a redimir tu karma, para saldar tu deuda espiritual del pasado y nuevamente tendrás que empezar de cero, en cuanto a la riqueza material se refiere. Si no naces en una cuna de oro, por cosas de tu destino espiritual, en donde quizás tus padres o familiares te han adelantado parte de tu trabajo y el camino a seguir, porque tal vez quieren con tu espíritu, saldar una deuda del pasado, sea esta igualmente una prueba para ver qué haces por el resto de tu existencia terrenal.

Cada que regresan a la vida harán parte de una nueva legión de espíritus, que llegarán nuevamente a poblar la tierra con la luz de la esperanza para los que ya han nacido y solo traerán su espiritualidad y el progreso espiritual que se han ganado a través de las existencias anteriores en ese ir y venir a la vida, en una lógica renovación generacional, para ir ganando mejores posiciones en el espacio infinito cuando tengan que regresar del exilio terrenal.

Desde acá desde el espacio infinito, muy a pesar nuestro por todo los que les sucede en su vida diaria y los momentos de dolor que les ha tocado vivir, por los infortunios que han tenido con los infractores de la ley, los invitamos a hacer un alto en el camino para que aprecien lo maravilloso que es la vida, representada en todos los reinos de la naturaleza y el universo infinito y así mismo puedan imaginarse lo bueno que sería vivir en paz y en armonía espiritual con vuestros hermanos, sin ningún tipo de delitos que los acose y tal vez los lleve a declinar sus pruebas.

Con nuestra ayuda espiritual, si la aceptan, los seguiremos guiándolos y llevándolos con mucha prudencia para no interferir en su labor, respetando su libre albedrío, para que puedan encontrar la luz los que están haciendo tránsito por el camino equivocado y los seres más adelantados sigan ascendiendo y viendo la luz.

Deben tener muy en cuenta lo siguiente: no sean los depredadores del mismo hombre y de ninguna otra especie animal o vegetal, no sigan afectando la naturaleza y el medio ambiente, acabando con los recursos naturales que en ella se dan, no la contaminen con los herbicidas, tengan cuidado con los cultivos modificados genéticamente para aumentar su tamaño y la producción de transgénicos, eso es malo para la vida, por las consecuencia que pueden traer en un futuro inmediato para todos los organismos vivos, no acaben con todo lo que les rodea porque les represente lucro y deseen enriquecerse de una vez; tomen conciencia y primero deténganse a pensar en los perjuicios que van a causar, a quienes van a afectar y se van a llevar por delante con su mal proceder, a cuantas viudas y huérfanos van a dejar en el camino y a condenar a la miseria, porque quizás le van a apagar la luz de los sueños a quien los ampara educándolos con amor y hasta dándoles de comer. Con tu mal proceder automáticamente apagarás la luz de la esperanza y los sueños de sus descendientes que dependen de él, porque todos los seres humanos forman una gran cadena para ayudarse mutuamente y los depredadores la están rompiendo quitándole un eslabón que difícilmente podrá reemplazarse, porque cada misión y tarea es personal. Todos dependen de todos, sigan trabajando unidos por la salvación del planeta y de la especie humana, no sigan haciéndose dañó los unos a los otros, vivan y progresen en el amor hacia sus hermanos.

Algunos seres espirituales llegarán a la vida a espiar sus faltas y a pagar sus deudas kármicas del pasado, para progresar y ascender espiritualmente en la escala evolutiva, mientras otros llegarán a continuar con la tarea que algún día no pudieron terminar y están ávidos de retomar la tarea para seguir avanzando; aprovechen cada oportunidad que les da la vida para que encuentren paz y armonía espiritual y puedan tener mañana un mejor amanecer.

Trabajen por la regeneración terrenal y el fortalecimiento espiritual de todos los seres humanos y lo podrán lograr unidos en amor, siendo justo amables y sinceros, amando a Dios y respetando sus leyes y las del universo infinito, irradiando amor hacia el prójimo para que ninguna fuerza oscura les haga daño y se retiren de la tierra las entidades que las causan y les desestabilizan la armonía espiritual, para mantenerlos viviendo en zozobra; cuiden de la naturaleza, sean delicados con todo lo que les represente vida, animal, vegetal, y el respeto hacia su semejante en el mayor amor que le puedan profesar para que vivan en paz.

El querer es poder, si trabajan unidos y con esmero, sin ser dañinos con el entorno que los rodea, conquistarán otros espacios que están vedados para los seres humanos por el desamor, por la misma maldad que los acosa y por la que cada día se siguen haciendo daño ahondando la brecha que hay entre el bien y el mal. No deben dejar que el mal esté por encima del bien, ya se han sobrepasado con los actos de inmoralidad que los tienen vibrando en una muy baja frecuencia espiritual; eleven la conciencia espiritual, actívenla en el amor y dejen que el amor aflore desde las entrañas de su ser, con la fuerza de todo su espíritu para que tengan paz, porque han sido creados con amor y cada uno de ustedes representa amor universal para la vida y en el Padre creador, alejen de su lado los malos vicios que degradan a los seres humanos y afligen a sus espíritus, háganlo, por favor, para que la luz desde lo alto brille para todos y la puedan seguir y haya armonía. No pueden continuar apagando la luz de los que van a nacer con el aborto, acabando igualmente con la vida desde la primera infancia o de los que ya han nacido con la función de maestros para guiarlos, dejen que cada uno de sus hermanos pueda terminar su obra y la misión por la que nacieron algún día, con este gesto de amor van mostrando su evolución espiritual y se encaminan a vivir en un plano de mejor vibración espiritual, en donde el espíritu va a poder trascender con su trabajo a una mejor dimensión espiritual en el espacio infinito y su próxima encarnación será mejor. El derecho a la vida, libro "Diga no al aborto un acto de reflexión" La Luz de la esperanza. Libro de mi autoría escrito con la ayuda del mundo espiritual.

Desde tiempos inmemoriales los seres humanos han venido persiguiendo a los seres que traen otras ideas altruistas, que aparecen con la misión de ayudarlos a salir del caos que han formado los espíritus, que están haciendo tránsito por el camino de la maldad, del egoísmo, de la intolerancia, de la indiferencia, males que opacan al espíritu exponiéndolo a la perdición y a fracasar en sus pruebas; esto no los va a dejar ir más allá como seres de luz que sois, que fueron creados en ese amor incondicional por Dios nuestro Padre creador. Desde tiempos pretéritos los seres humanos han venido jugando con la vida y la honra de grandes seres espirituales que llegaron a la vida en busca de vuestra salvación y la de las futuras generaciones han sido muchos los inmolados, ya lo hicieron en su tiempo con el maestro Jesús de Nazaret, que fue perseguido, humillado y crucificado por la intolerancia de los hombres en la antigüedad. Él ha sido el hombre más relevante en toda la historia de la humanidad, como así mismo ha habido muchas mujeres mártires que también lucharon para liberar a su pueblo de las injusticas, como lo hizo la heroína francesa Juana de Arco, entre otras mujeres aguerridas, las que hoy trabajan por la defensa de los derechos humanos; solo nos queda preguntarnos y preguntarles a ustedes qué están haciendo de la tierra, por qué la han convertido en un plano de odio y de dolor y si no le prestan atención, el caos cada día será mayor.

¿Ahora quién seguirá? De los personajes que están haciendo una buena labor, para vuestra salvación y la del planeta en general, ya es hora de parar esa implacable persecución que hacen contra los que están brillando y están realizando una buena labor para que todos ustedes, hermanos, sigan teniendo esa luz de esperanza, de mañana tener un nuevo amanecer y puedan hacer de su plano la tierra prometida, donde todo sea amor incondicional y se respeten los derechos humanos; no sigan sacrificando la vida de quienes los están ayudando, no cercenen la mano de quien le está dando de comer, ni mucho menos pueden matar la gallina que les está dando los huevos de oro, únanse en el amor y sean solidarios con sus hermanos, sin distingo de religión, raza, credo o identidad de género, como los están llamando hoy en día a los que tienen otras tendencias sexuales, por cierto muy respetables, porque cada cual es dueño de su destino cuando ha llegado a la vida y tal vez se haya desviado de él por la libertad que tiene para hacerlo, y de todos modos hay que respetar para que los respeten en su libre albedrio.

A muchos ilustres ciudadanos que trabajan por el bien común de sus hermanos, que llegaron a desarrollar sus proyectos de vida, los han ido sacrificando para que no sigan con el trabajo y la misión por la que nacieron, ya sea en defensa de la vida, de la naturaleza o de cualquier otra causa que afecte la supervivencia de los seres humanos en el planeta; hoy fue inmolado un humilde ciudadano que estaba desempeñando una buena labor, ayudando a brillar a los opacados para sacarlos adelante. En algún momento de vuestras existencias ellos les pueden dar la mano y convertirse en un multiplicador de amor, para que también haga respetar los derechos humanos; mañana le puede pasar a usted por la intolerancia de los seres humanos, que no están de acuerdo con lo que está haciendo o con lo que usted hará mañana.

Queremos que los que están vibrando en una baja frecuencia y son enemigos del progreso espiritual y material de sus hermanos, también vean la luz que está brillando para todos, búsquenla con amor y la encontrarán, estamos prestos desde el mundo espiritual para auxiliarlos y fortalecerlos con vuestras debilidades espirituales, Dios los llene de luz y de bondad a sus espíritus, déjense ayudar de las personas que nacieron con esa luz para guiarlos y llevarlos por un buen camino, lleno de amor, paz y prosperidad espiritual. No pueden seguir sacrificando la vida de los que están brillando para sacarlos adelante o la de cualquier otro humilde ser humano que está haciendo una buena labor ayudando a sobresalir a los opacados para que puedan alcanzar sus metas en algún momento de su existencia, alguno de ellos en cualquier momento les puede ser útil y darles la mano en alguna necesidad, devolviéndole favores a la humanidad.

Deben tener muy presente que un líder espiritual o material no nace de la noche a la mañana, para llegar a esa posición cada ser espiritual ha hecho un largo recorrido y un trabajo significativo a través de varias existencias terrenales y de su estadía en el mundo espiritual recibiendo capacitación, en ese ir y venir, ir cuando desencarna y venir cuando reencarna y vuelve a la vida; ha recogido una vasta experiencia depurando el espíritu para tener la facultad de llegar a servirles de guía o llegar con función de maestros. Por eso no creas que los seres humanos que están en estos momentos rigiendo el destino de tu país o de las grandes potencias del mundo, sea una casualidad y llegaron allí por cosas del azar o creer, que es cosa del azar que usted haga parte de su hermosa familia y que sus hijos son unos extraños entre todos sus familiares y llegaron a su entorno familiar por cosas del azar porque quisieron llegar allí por un capricho de la vida, allá ellos y usted si se olvidaron de la misión que tenían y se desviaron del camino por el libre albedrío. Están ejerciendo mal el poder y el fin por el que naciste tú en el seno de tu familia y entre ellos estaba el amor y el fortalecimiento espiritual entre todos tus seres queridos, en ese continuo aprendizaje y oportunidades que les da la vida; aprovéchenlas y saquen el mejor partido de ellas para el beneficio de todos.

A muchos seres humanos, cuando tienen buenos ideales y están sobresaliendo espiritual o materialmente, les hacen toda clase de componendas, para opacarlos y sacarlos del camino, o desplazarlos del lugar que están ocupando para que no tengan éxito en su misión y en la tarea que hacen. Es tanto el odio que han logrado sembrar en su corazón algunos seres humanos en la tierra, que cada anochecer y cada nuevo amanecer, el peligro los está acechando para hacerles daño o afectarlos emocionalmente desde el interior de sus casas, para hacerlos desistir del propósito que tienen para sus vidas y las de sus semejantes; estas personas llenas de odio y egoísmo, por la misma maldad que los acosa han borrado de la faz de la tierra a muchos seres humanos que han sido o podido ser valiosos para el desarrollo espiritual de la humanidad.

¡Qué gran pérdida para ustedes, hermanos! Cuando le quitan la vida a alguno de sus semejantes y aun sin saber que venían hacer, por insignificante que sea la tarea que están desempeñando deben respetarla; a otros los han encarcelado o los tienen en confinamiento en algún lugar desconocido como le sucedió en su tiempo a Nelson Mandela antes de ser presidente de su país. Los que han corrido con mejor suerte estarán en el exilio, estos seres son perseguidos porque sus enemigos creen que lo que están haciendo en beneficio de sus hermanos está mal, estos pocos que fueron escogidos y enviados por Dios para la salvación de la especie humana, y tal vez van a interferir en lo que están haciendo los que buscan su beneficio personal en perjuicio del desvalido, desconociendo a su vez, de antemano, que él nació con una misión específica y vino a trabajar por el bien común de su semejante y a tratar de nivelar las injusticias que a diario cometen las personas que no sienten el dolor ajeno porque tienen el poder y no lo tienen. Tal vez algún día ellos o usted también profesaron en el mundo espiritual el amor, la tolerancia y la solidaridad hacia el prójimo, logrando nacer por este simple acto de amor, y el libre albedrío los desvío del camino y de la misión que traían para la vida, para seguir buscando su ascenso espiritual, los desvió de la obra que ellos mismo escogieron para hacer en su modelo de vida y le dieron luz a sus nacimientos para que desarrollaran su proyecto de vida, y se han desviado del camino causándole daño y malestar a sus semejantes, trayendo pena, dolor y cualquier otro sufrimiento que los aflija y no los deja avanzar.

Todos los seres humanos nacen sabiendo qué es el bien y qué es el mal, la luz o la oscuridad, por eso deben seguir el patrón de vida que traen desde el espacio infinito y no desviarse de su objetivo primordial por el que nacieron para alcanzar la gracia de Dios, y es el amor que debe primar entre todos los seres para que haya paz y armonía espiritual en todos los lugares del planeta; ama a tu prójimo tanto como quieres que te amen a ti.

"Amarás a tu prójimo como a ti mismo" Mateo 22:39 y es la avaricia de unos cuantos depredadores del mismo ser humano, que los está llevando a cometer delitos y a comprometer su futuro espiritual y la vida de su semejante y hasta de su mismo hermano carnal cuando se trata de un fratricidio como le sucedió a Abel, por el egoísmo que los está empujando casi al borde del desespero y a una posible desaparición de la tierra, si no adoptan las medidas para salvaguardar su hábitat y el de las demás especies.

Allí poco a poco se han ido metiendo de manera soterrada, en empresas y negocios que nunca deben hacer, por los daños que puedan estar causando a la vida humana, a las especies vegetales y animales, y se ufanan de ser los amos y señores perpetuándose en lo indebido y eso los perjudica; no sigan afectando el medio ambiente con las factorías y los usos que le están dando a los suelos, causando la deforestación en los valles, los ríos y las montañas. Cada día están abusando más de la naturaleza, cometiendo hechos criminales que están acabando con los recursos naturales y de biodiversidad; no resulta ético lo que el ser humano está haciendo con su semejante y la madre naturaleza, cuyos recursos deben ser intocables para que la vida sea pura en todos sus manifestaciones; ahora mismo al ser humano no le está importando arriesgar hasta su propia vida por algo que al momento de partir no se va a poder llevar para el mundo espiritual, ni a la sepultura, si esto fuera así el mundo invisible estaría lleno de ricos, millonarios y hasta con los hombres más adinerados del planeta, con algunos de ellos llenos de pobreza espiritual porque nada hicieron por la vida y le apagaron la luz de la esperanza al necesitado, arrebatándole el mendrugo de pan de la boca a quien algún día les dio la mano y de comer, esclavizaron al que les dio su voto de confianza por el que llegaron a la cima y, además, le quitaron la vida a su semejante para adueñarse de lo que poseía. Es mucho el daño que están haciendo los indolentes, los dueños del dolor ajeno con la vida, en un mundo donde todos pueden vivir sin preocupaciones porque tienen a la mano la madre tierra como despensa natural, en la cual van a encontrar plantas para curar vuestras enfermedades, alimentos para mitigar el hambre y maravillosos lugares para que gocen libremente de un sano esparcimiento, pero no le están prestando la debida atención para cuidarla y para que estos espacios no sean de unos cuantos con exclusividad para usufrutuar, mas no están cuidando estos recursos como debe ser, por eso unan sus esfuerzos y recuperen el planeta para que la vida no expire en cada uno de sus ecosistemas y el hombre pueda perdurar.

Qué infames son los que están acabando con la esperanza de un pueblo, de una región o de una nación, quitándole la vida a un ser humano cabeza visible en la sociedad y de su misma familia, que está haciendo una buena labor en busca de la igualdad y de acabar con las injusticias que tanto daño les están haciendo; no sigan acabando con la vida de los que están buscando beneficios para todos sus hermanos. Qué abusivos son los que contaminan el agua, las cuencas de los ríos, los mares, el aire, arriesgando la posibilidad de vida que cada día florece en la tierra en todos sus ecosistemas, qué absurdo es, que sigan acabando con sus recursos naturales y la biodiversidad que es la que sostiene la vida en la tierra con la variedad de especies animales y vegetales existentes.

Cada nacimiento que se está dando allá en la tierra, no es por casualidad o por cosas del azar, obedecen a un patrón divino y a la necesidad que tiene cada ser espiritual de llegar a redimir sus deudas del pasado y las del presente, por eso en el mundo espiritual trabajan arduamente para llegar algún día a la vida terrenal preparados, para sortear las duras pruebas que tienen que enfrentar, para poder pasar sus pruebas espirituales de ley de causa y efecto y a la vez continuar con el aprendizaje en cada nueva existencia que tienen y deben vivir de la mejor manera posible, para mañana tener un mejor amanecer en un mundo mucho mejor y renovado en donde reine el amor y la fraternidad en todos los corazones de los seres humanos. Ninguno de los seres espirituales que hay acá en el mundo espiritual, parte de aquí contagiado de los males que los opacan en la tierra o va a llegar allá con la tentación de hacerle daño a la humanidad, eso no está permitido desde el inicio de la vida en una criatura inocente, mientras otros llegarán con misiones específicas, como tal vez regir los destinos de un país o ser un líder espiritual que viene a evangelizar a los seres humanos para espiritualizarlos de tal forma que sigan avanzando en la búsqueda de la luz y de la verdad.

Hay tantas cosas por hacer en la tierra, en su presente existencia, hermanos, para que trabajen y pongan orden en todos los frentes donde los seres humanos se están portando mal y haciendo daño de palabra, obra u omisión, quienes se están dando cuenta de lo que está pasando o de lo que están haciendo sus familiares y no hacen nada para remediarlo. ¡Quién será el que no sabe en dónde está el que hace daño, en dónde están planeando sus fechorías y de dónde salen para asecharlos y ultrajarlos! Ojalá se unan, hermanos, para que derroten las causas del dolor de sus materias y la aflicción de sus espíritus, háganlo con amor por un mejor mañana, para vuestras familias y para que las futuras generaciones encuentren un mundo mucho mejor y acogedor; empiecen de una vez a sacar de sus corazones humanos el odio, el rencor, el egoísmo, la intolerancia, la envidia, los celos y la venganza. Podemos seguir nombrando y enumerando todos los males que ustedes saben que los afligen en la vida diaria; en el mundo espiritual sabemos que los está afectando y marchitando a sus espíritus allá en la tierra y ustedes hermanos se están haciendo como los que tienen ojos y no ven, tienen oídos y no escuchan, tienen boca y no hablan y están invadidos de todos estos males que le están haciendo daño a los seres humanos, perjudicando su progreso espiritual y material a los que están buscando lo superfluo, porque nadie dice nada por el temor que los acosa y no hay respaldo entre todos ustedes, hermanos, para cuidarse mutuamente, por eso les seguimos diciendo "todos dependen de todos", si te hacen daño a ti se lo están haciendo a tu semejante, porque si tienes un negocio dejas de prestarles un buen servicio, si eres empresario y te quitan la vida en un caso extremo dejas de darle de comer a muchas familias, a tu viuda si tenías pareja, y súmale sus descendientes y demás familiares que dependían económicamente del ser que acaba de fallecer. El amor es universal y debe unir en todos los pueblos a los seres humanos, en unidad familiar y espiritual, sin ningún tipo de distingo de raza, religión o credo, incluyendo la ideología de género que es lo más nuevo en el vocabulario de los seres humanos y es un deber con nuestros hermanos aceptarlos sin discriminación alguna.

Sigan trabajando con esa luz de la esperanza que se llevaron desde el mundo espiritual para que logren alcanzar sus sueños en el mundo terrenal, con el propósito de vida que se trazaron acá en el espacio infinito, Dios les permita poder alcanzar la equidad para que las diferencias entre unos y otros no sean tan grandes; evolucionen en el amor hacia el prójimo, sean justos en lo que hacen para que haya una verdadera paz espiritual y sigan viviendo en armonía con sus hermanos espirituales y materiales, no se hagan daño, no le coloquen obstáculos a lo que los otros están haciendo para progresar porque tal vez pueda traer beneficios para ustedes y para la humanidad.

Traten de seguir los lineamientos espirituales que hay en sus espíritus para que mantengan la llama viva de la luz de la esperanza, de mañana tener un mejor amanecer; todo va en concordancia con el patrón de vida que vayan llevando y con las labores que están realizando en el diario vivir, sean buenas o sean malas, de esto depende que esta luz se mantenga constante y se avive o se apague, según el camino que hayan escogido. Si has escogido un mal camino, te llevará a perder la esperanza y se te agotará la paciencia por falta de tener fe en el creador y en lo que hacen otros; si no retomas nuevamente el camino de los bienaventurados, cada día que vas pasando te irá menguando la luz de la esperanza y caerás en el abismo en donde están los desorientados.

Dios Padre todo poderoso es la fuente de la energía suprema del universo, que alimenta el faro que les da luz a sus espíritus y los irradia de amor, y es Dios el norte a seguir por todos los seres humanos para que se guíen, lleguen a un buen destino, puedan lograr sus metas y salgan triunfantes del exilio terrenal. Él es nuestro creador, dueño de nuestros vidas y del aire que respiramos, de las fuentes del agua que tomamos, y cada día nos da una nueva oportunidad de volver a renacer, más reconfortados que antes, por eso nos hizo a su imagen y semejanza; lo creó hombre, lo creó mujer por la necesidad que había de seguir poblando la tierra con nuevos seres humanos después de la aparición del primer hombre y de la primera mujer, para que vayan llegando espíritus de más luz y progreso espiritual, para que los sigan ayudando en la búsqueda de la luz y de la verdad y así los seres humanos puedan alcanzar el progreso espiritual y la evolución del espíritu y se mejoren las vibraciones de energías en la tierra para que haya un verdadero renacimiento espiritual, de los hombres en la tierra.

Cada día seguirán llegando nuevos seres espirituales con nuevas instrucciones para seguirlos ayudando con mucha prudencia en sus quehaceres, por el libre albedrío que los acoge, para que se congracien con Dios y con todos los seres que van llegando a la vida, a la tierra, en una lógica renovación generacional y espiritual en la tierra; unos llegarán, otros tendrán que partir porque ya cumplieron su ciclo de vida y la misión por la que nacieron, mientras otros dejaran sus obras huérfanas, por cosas del destino y de su misma prueba, y así poco a poco van llegando nuevos seres, teniendo con ese ir y venir una renovación moral para que la tierra se vaya regenerando poco a poco con el trabajo mancomunado de cada generación que va arribando y de los que ya están ejecutando una buena labor en la tierra, contribuyendo a que haya una mejor vibración espiritual en el globo terrenal; muchos de los que están animando un cuerpo material en estos momentos, tendrán que partir en una lógica renovación generacional en la tierra, unos tal vez partirán hacia el mundo espiritual para recibir nuevas instrucciones y tener un merecido descanso del cuerpo que tenían en vida, por su deterioro o por cualquier otra circunstancia, como el estar sufriendo su cuerpo de alguna discapacidad desde el nacimiento o por cualquier otro evento de la vida, mientras otros llegarán al mundo espiritual con más pena que gloria, porque desperdiciaron su estancia en el mundo material y no cumplieron bien con la tarea que ellos mismos algún día se asignaron, solo se aprovecharon de las posiciones que tenían y saliéndose del patrón moral le dieron maltrato a su semejante, otros por pereza abortaron las misiones que tenían y dejaron su proceso evolutivo estancado.

Cada uno de ustedes nació con esa luz de la esperanza para cumplir la tarea y la misión por la que partieron del mundo espiritual hacia el mundo material, nadie partió con desgano tras la misión que cada cual pretendió hacer durante la vida material, para vivirla de acuerdo a su propio karma y así pagar su deuda espiritual; Dios en su inmensa sabiduría permite que vayan llegando al mundo material a coger experiencia material y a despertar la conciencia en el amor, el libre albedrío los llevará a transitar por el camino del bien o por el camino del mal. No dejes apagar la llama viviente que alumbra vuestro camino, para que no te extravíes en él, porque poco a poco tus esperanzas irán muriendo si no avivas la llama que te anima y te guía en el camino, para que salgas adelante alegre y fortalecido.

Dios a todos ustedes, hermanos, les dio inteligencia y sabiduría, Él nos hizo a todos iguales a su imagen y semejanza, siendo Él la inteligencia suprema y la flamante llama que le da luz y energía a su espíritu, que debe vibrar y reinar en vuestra vida material y espiritual para que sigan por el camino del amor, que es el que les llevará hacia la prosperidad espiritual; hagan sus cosas en el amor incondicional hacia su prójimo para que puedan seguir sin ningún obstáculo material o espiritual que se interponga en su camino, sin dejarle avanzar. Haz que el amor hacia tu prójimo renazca en tu corazón para que seas un multiplicador en tu grupo familiar y de amigos que has ido cosechando durante tu existencia.

La luz de la esperanza está representada en la naturaleza, en los valles, en los ríos, en las montañas y en el aire que respiras y, aunque no lo creas, hasta en tu sonrisa porque demuestras que estás sano y animado para seguir adelante en el camino de los bienaventurados.

Deben seguir al pie de la letra las campañas de desintoxicación del planeta, para que no lo sigan contaminando con los desechos y los productos químicos que emanan desde sus industrias o desde el interior de sus casas a las fuentes hídricas, cuiden por favor a todo lo que les represente vida animal, vegetal y los mismos microorganismos que son nutrientes para la madre tierra y los seres humanos; no devasten la naturaleza para que las futuras generaciones y ustedes los que ya están habituados en el planeta tengan un mejor futuro; sean justos y equitativos en lo que hacen en su diario vivir, vayan despojándose del egoísmo para que todos disfruten sanamente lo que la madre naturaleza les ha dado, como las aguas de los ríos y los mares, el oxígeno del aire que respiran, ingredientes muy indispensables para la vida diaria. Cuídense por favor y no dejen que la luz de la esperanza muera a causa de las injusticias de los hombres que todos los días están bajando su interruptor.

Siempre tendrá que haber una luz al final del túnel y tal vez usted, ahora no la quiera ver por estar haciendo lo que no es correcto e indebido, luche por sus ideales sin herir los sentimientos de sus semejantes, porque tal vez quiso las cosas por las malas y apagó la luz de aquel que no quiso llenar sus pretensiones, matando su esperanza, la de su familia y la de la humanidad si era un ser notable o iba a serlo. Todos dependen de todos en la búsqueda de la luz y de la verdad, para que puedan sacar sus proyectos adelante con la ayuda desinteresada de uno o del otro, de quienes deseen contribuir en el desarrollo de una comunidad, ya sea espiritual o material el aporte que hagan.

Todas las obras que hacen con humildad y en solidaridad con sus hermanos son las que enaltecen al espíritu y se las llevarán al momento de partir hacia el mundo espiritual, mientras las obras materiales allá en la tierra se quedarán, porque acá al espacio infinito nada de eso llegará y tampoco tienen cabida, por más poder que hayan podido tener en el plano terrenal, desnudo llegaste a la tierra y de ella partirás con las manos vacías y tal vez creas que la mortaja que arropará tu cadáver te la llevarás, no, esa se quedará destruida en el mundo material. Si has hecho las cosas bien en tu instancia material, tenlo por seguro que una buena energía te acompañará hacia el plano espiritual y acá se te gratificará con ascenso espiritual, pudiendo ser que te den luz para un nuevo proyecto de vida, para seguir avanzando y progresando en el plano espiritual y quizás mañana por ser un espíritu de luz ya no estarías en la obligación de pasar por las pruebas terrenales, para enmendar un error del pasado y del presente; esto se da debido a que tus pruebas materiales son de la tierra y a la tierra tienes que volver para subsanar lo que ayer injustamente hiciste mal, aquí poco a poco te has podido ir dando cuenta que todo para ustedes debe ser luz, fe y esperanza, y dependiendo el uno del otro en lo que hagan, para seguir adelante en el camino con la ayuda del que ha encontrado la luz y la verdad. No se causen daño, mucho menos se ofendan, agraden a Dios y a su prójimo, estrechen sus manos y sigan trabajando por la salvaguarda del planeta y la salvación de la especie humana, háganlo por el bien de todos.

Dios Padre celestial es el faro y la luz que alumbra tu espíritu y el camino a seguir por todos los seres humanos, para que puedan hacer bien la tarea sin salirse de los parámetros espirituales, como son sus mandamientos y las demás leyes inherentes al espíritu. Amen a Dios por encima de todas las cosas para que tengan larga vida, gocen de buena salud, paz y armonía espiritual y así el amor pueda florecer en todos los corazones de los seres humanos, para que se coloquen en los zapatos del otro y puedan sensibilizarse con el dolor ajeno y sean más solidarios con sus hermanos.

"Jesús le dijo: Amarás al Señor tu Dios con todo tu corazón, y con toda tu alma, y con toda tu mente". Mateo 22:37.

No dejes que el odio, el rencor, la envidia y toda acción mala llegue a tu ser y a tu corazón apagando la luz espiritual, te enceguezca y te haga caer en la desgracia; no permitas que por tus malas acciones tu energía espiritual se convierta en una vibración de baja frecuencia y te asedien las malas influencias espirituales y materiales de los que te rodean para que causes daño, calcula más o menos qué tanto tiempo y existencias necesitas para recuperar lo que has perdido y exponerte a vivir un estancamiento espiritual si no tienes fortaleza, para someterte nuevamente a luchar para poder salir del estancamiento espiritual que causaste, por tu negligencia al seguir por el camino equivocado haciendo daño. Dios es amor y no quiere nada malo para vosotros porque sois sus hijos y "los hizo a su imagen y semejanza" Génesis 1:26.

Cada hecho de dolor, cada sufrimiento que tiene cada uno allá en la tierra trasciende al plano espiritual y es motivo de aflicción para sus guías espirituales, para sus familiares y amigos que los antecedieron en su partida; ellos son los más afligidos en la morada que nuestro Padre celestial les tiene destinada en el mundo espiritual, busquen la luz y el perfeccionamiento moral de sus espíritus para que puedan ascender sin pérdida de tiempo al tener que repetir la tarea.

Por favor, hagan las cosas bien para que se congracien con Dios, con sus familiares y amigos que les dan acompañamiento espiritual desde el mundo espiritual, no dejen que el desespero los lleve a cometer alguna locura o acto de barbarie, sean cautos y prevenidos en lo que hacen, si van a hacer algo malo, mediten unos instantes en el amor y no lo hagan, porque van a salir afectados y tal vez van a ofender a sus semejantes y no van agradar a Dios. Y Dios siendo Dios tiene esperanza en cada uno de sus hijos y sabe que van a cambiar si van por un mal camino, Él no necesita amedrentarlos, ni es un Padre castigador, Él es un Padre amoroso y a todos les ha dado por igual porque es justo y misericordioso, para que alcancen su gracia sin ninguna dificultad que los haga retrasar, allá ustedes si cogen por un mal camino y se exponen a los sufrimientos que les da la vida, como el sentir dolor y pasar penas por andar por el camino equivocado haciendo lo que no es debido.

La conciencia es el juez natural del espíritu y les está diciendo qué están haciendo bien y qué están haciendo mal para que tomen los correctivos a tiempo, la conciencia siempre va a estar allí presente marcándoles el progreso espiritual de acuerdo a sus buenas y malas acciones. Usted fue la luz de la esperanza de sus padres, de sus familiares, inclusive se ha podido convertir en esa luz que ayuda y orienta a los desorientados por los consejos que les ha dado para dignificar el espíritu o las ayudas materiales que les ha podido dar. No dejes que tu camino se estreche, no podrás transitar por él con facilidad, porque estás haciendo las cosas mal con los ojos vendados y estas vendas no te dejan ver la luz, por el odio que te enceguece y la prepotencia, por tu orgullo que te llena de vanidad.

Para que sus espíritus progresen los seres humanos deben erradicar de sus corazones el odio, la envidia, la indiferencia, la avaricia, la soberbia, entre otros males que apenan al espíritu y enferman el cuerpo material; cuando sientes odio este no te deja ver más allá de tus propios ojos, puedes hacer mucho daño, porque te encegueces cuando no encuentras la razón o no la quieres dar ¿Cuántos seres han perdido la vida por odio? ¿Cuántos están en una cárcel por odio, del que no los quiso ver progresar, inventando algo para hacerlo detener? ¿Cuántos están en el exilio por odio? El odio entre los seres humanos ha desencadenado grandes guerras, por xenofobia, por motivos raciales y culturales, entre otras causas; guerras que en el futuro deben evitarse a toda costa, por los daños espirituales y materiales que estas ocasionan a la humanidad. Todos son iguales a los ojos de Dios, así estén ocupando la mejor posición o sean los dueños de la mejor fortuna en la tierra y llenos de pobrezas espiritual, acá en el espacio infinito los esperaremos sin ella y se darán cuenta de la posición que está ocupando el ser que ayer odiaste y apartaste de tu lado, porque no era de tu misma religión o de tu mismo color o casta social; la envidia es otro mal que no los va a dejar prosperar, siempre van a estar molestos porque otros progresan y por lo regular les sucede con los bienes materiales que van adquiriendo o con las posiciones que van ocupando en la vida cotidiana. Ténganlo muy presente, el odio, la envidia, etc., les bloquea su propio progreso espiritual, porque están colocando energías negativas para que otros no puedan avanzar; la envidia les lleva a codiciar los bienes ajenos y hasta la mujer de su prójimo.

"No codiciarás la casa de tu prójimo, ni su esclavo, ni su esclava, ni su buey ni su asno, ni ninguna otra cosa que pertenezca a tu prójimo" Éxodo 20:17.

Sigan su camino despojados de todos los males que afectan al espíritu, líbrense de la causa de su aflicción y de la enfermedad de vuestras materias para que sus existencias en la tierra sean amenas y llevaderas y se les haga corta su estadía. Si haces daño, tarde que temprano se te reflejará en tu estado de ánimo y tu conciencia será tu máximo juez, la que te evaluará y te denunciará ante los hermanos mayores en el espacio infinito; en tu conciencia siempre estarán registradas tus buenas y malas acciones, de ella nunca las vas a poder sacar, te las llevarás al momento de partir y serán tu carta de presentación en el mundo espiritual, de ti depende si deseas que tu espíritu llegue radiante o que llegue obnubilado al plano espiritual, ponte de una vez a hacer buenas obras en beneficio de los desvalidos, siendo solidario con ellos, es el mejor alimento que le puedes dar a tu espíritu para que sea enaltecido y se congracie con Dios nuestro Padre celestial. Sean siempre humildes con lo que hacen, no dejen que la soberbia les amargue la vida para siempre, contágiense del dolor ajeno para que lo sientan, pónganse en los zapatos de otro, no sean indiferentes con sus hermanos que están sufriendo por alguna necesidad, tengan sus bienes con mesura, no sean ostentosos ni se vanaglorien con ellos porque pueden llevarlos a la perdición, controlen la avaricia, ella los llevará a hacer lo que no deben hacer, de tener las cosas por las buenas o por las malas y pueden salir perjudicados, afectando vuestro futuro material allá en la tierra, alterando inmediatamente su futuro espiritual en el espacio infinito.

El amor es un don de Dios y una virtud entre los seres humanos que deben de compartir. Amar y ser amados, el amor es fuente de vida pura y su máxima expresión es cuando es incondicional. Dios es amor pleno y verdadero, Él a sus hijos no les pide nada a cambio, por haberles dado el libre albedrío y la responsabilidad de sus actos, por los acontecimientos que resulten de estos, por eso todos saben qué es el bien y qué es el mal, de ti depende tener una vida digna o tener una vida llena de preocupaciones y de necesidades, porque tal vez has escogido el camino equivocado y no estaba dentro de tu proyecto de vida y será otra experiencia más para el espíritu y tal vez con lo que hagas te puedas estancar; el amor debe unir a todos los seres humanos y a los pueblos para que trabajen en las causas comunes que los afligen y puedan salir de ellas fácilmente, logrando por este simple hecho avanzar y alcanzar mejores posiciones, tanto espirituales como materiales. Por favor, tiéndele tu mano amiga a tu hermano necesitado y sácalo de su sufrimiento, no permitas que la indiferencia sea la causa de tu desamor hacia tu prójimo, sigue por un buen camino para que todos encuentren la luz de la esperanza y puedan elevar la conciencia espiritual, para que brillen en una mejor dimensión espiritual, sus espíritus sigan en ascenso y encuentren un mejor futuro y nuevo amanecer.

El amor incondicional es fuente de larga vida y uno de los mejores alicientes para que el espíritu vibre en una mejor frecuencia y su materia se mantenga sana; despójense de las preocupaciones y de tanto mal que les hace daño y que no los está dejando avanzar en la búsqueda de la luz y de la verdad para que puedan alcanzar su progreso espiritual. El amor los mantiene activos, sanos en cuerpo, alma y espíritu; hagan con amor y humildad lo que tienen que hacer desinteresadamente todos los días, con sus familiares, con sus empleados, hasta con el que nada tiene que ver con ustedes y sus días serán más felices y vivirán en paz. "Haz el bien y no mires a quién". Sigan su camino sin ostentación por lo que están haciendo durante su presente existencias, sean humildes y recatados para que no ofendan a su semejante.

"No te niegues a hacer el bien a quien es debido, cuando tuvieres poder para hacerlo" Proverbios, 3:27.

"El que no ama, no ha conocido a Dios; porque Dios es amor" Juan 4:8.

"Porque de tal manera amó Dios al mundo, que dio a su Hijo unigénito, para que todo aquel que cree en Él, no se pierda, mas tenga vida eterna" Juan 3:16.

El amor es universal y está latente en todos los corazones de los seres humanos y está presente en todos los espíritus que hay en el universo; por mínima que sea una aflicción sufrida en la vida, nunca la podrán arrancar de raíz de la conciencia. El amor hacia su prójimo no debe ser enfermizo, debe ser un amor sano, justo, equitativo, sin egoísmo, debe ser recíproco e incondicional, para que cada día sigan alcanzando lo que han venido buscando; la luz espiritual y el amor les da tranquilidad y les trae paz espiritual a los seres humanos para que trabajen en mutua ayuda, para que salgan adelante en todo lo que pretendan hacer en favor de sus hermanos, que buscan quien les ayude en sus necesidades espirituales y materiales, porque son de pocos recursos económicos. Los bienes espirituales siempre deben de estar por encima de los bienes materiales.

Tu espiritualidad es la que se va contigo en el momento de partir, si has trabajado y evolucionado en el amor al prójimo, llegarás con la frente en alto y serás recibido con beneplácito por tus familiares y amigos que te han antecedido, igualmente tus guías te conducirán de su mano a la casa que mi Padre les tiene separada en el cielo. Todos parten desde el cielo hacia el mundo terrenal en igualdad de condiciones, con los mismos derechos y obligaciones en un gesto de amor del Padre creador hacia los seres humanos, para que así puedan desempeñarse de la mejor manera posible en los diferentes frentes con que se van a encontrar en la vida y todos llegan capacitados para hacer una buena labor, porque desde el espacio infinito han salido con todos los conocimientos necesarios para enfrentarse a la vida diaria, porque cada espíritu es una luz y una esperanza para los que ya están habitando en el planeta y han dejado apagar la llama que aviva su propia luz, convirtiéndose en la esperanza de ese ser que ya tal vez ha bajado los brazos y está esperando quien se los vuelva a levantar y le dé luz y le ayude a resolver sus necesidades; cada uno de ustedes debe de trabajar para alcanzar sus logros espirituales entre lo que se han propuesto y podrán llegar si lo hacen unidos más allá de su horizonte.

Coloquen su granito de arena y trabajen en la búsqueda de un mundo mucho mejor para que las futuras generaciones encuentren al momento de llegar, paz y armonía espiritual desde la primera infancia, para que se vayan criando sin tantos sufrimientos, con buena educación y buenas costumbres morales de respeto hacia la vida y el entorno que los rodea, como la misma madre naturaleza que deben cuidar y no ser los constantes depredadores de su mismo hábitat.

Todos los espíritus de los seres humanos han sido capacitados y entrenados en el espacio infinito para fortalecerse y para que no desfallezcan en la búsqueda de la luz y del progreso espiritual, para que a cada uno de ustedes, hermanos, la vida terrenal se les haga lo más amena posible y puedan alcanzar sus logros sin ninguna dificultad, por las mismas instrucciones que han recibido desde el mundo espiritual, para seguir en la búsqueda de la luz y de la verdad y puedan tener un mejor amanecer cuando la encuentren. Ninguno de ustedes llegó a la vida con la conciencia obnubilada, todos saben a qué llegan, qué tareas van a desarrollar durante la vida y hasta dónde van a llegar, saben igualmente qué es el bien y qué es el mal. Nadie llega a la vida con odio, ni mucho menos con rencor de lo que le hayan podido haber hecho en su precedente existencia terrenal, todos ustedes, hermanos, llegaron revestidos en ese amor infinito que tienen como seres de luz que sois, entre ustedes no debe haber celos, no deben tener envidia por lo que otros de sus hermanos puedan llegar a hacer o por lo que están haciendo y puedan llegar a tener; en ninguno de los seres humanos, debe existir el odio y la maldad que afligen al espíritu y enferman vuestro cuerpo corporal, háganlos a un lado si se han contagiado de lo que les causa su aflicción, y la enfermedad que padecen "Mente sana cuerpo sano".

Todos pueden seguir avanzando unidos, si les es posible, en la búsqueda de un mejor y nuevo amanecer para un mejor mañana, para los que van llegando, para los que ya están habitando vuestros plano terrenal; no sigan manipulando y colocándole obstáculos al que va por un buen camino para que se extravíe, porque ustedes creen tener la razón se vuelven controversiales con sus hermanos y más porque desean imponer sus criterios así estén equivocados, terminando después, por la falta de entendimiento, en un conflicto que los puede llevar a la agresión con sus hermanos y esto les puede deparar una enemistad terrenal y espiritual que en otra existencia buscarán reconciliar.

"Todos los hombres que conozco son superiores a mí en algún sentido. En ese sentido aprendo de ellos" Ralph Waldo Emerson.

Cada nuevo amanecer vendrá cargado de sueños por cristalizar y con la mínima esperanza de conseguir el pan de cada día y a medida que vayan avanzando cada día que pase será mejor para cada uno de ustedes; hermano, sigue siendo solidario con el que necesita quien lo ayude para salir de un apuro con una buena petición al Padre creador si la causa es espiritual y si es material despójate de lo poco que tengas y dale la mano a tu semejante, no dejes que esa luz y la esperanza que tiene en ti para que lo ayudes se apague, avívala humildemente y haz con amor la obra que tienes que hacer para sacar de la incertidumbre a ese ser que parece desfallecer porque no le ha encontrado solución a sus necesidades, y tú le puedes dar la luz para que solucione sus problemas y con este gran gesto de amor te estarás ganando un amigo más en la vida material y en la espiritual.

Dios es la fuente suprema que genera la luz de la esperanza para todos los seres humanos, que hay sobre la tierra y los espíritus que hay en el espacio infinito; Moisés fue el hombre escogido por Dios y fue La luz de la esperanza del pueblo israelita, para liberarlos del yugo opresor del faraón y de la esclavitud que sufría el pueblo hebreo de manos de los egipcios.

Jesús de Nazaret, nuestro hermano mayor en conocimiento, nacido de la unión entre José el carpintero y de María de Nazaret, hizo parte de esa luz de la esperanza que envió el Padre creador para que naciera en el seno de una familia de misioneros compuesta por los padres de Jesús y varios de sus hermanos, para que trabajara por la salvación de la humanidad como un gran misionero aun cuando la doctrina que llegó a enseñar fue opacada por las religiones de ese tiempo, como la judía, siendo el judío, por el odio que sentían hacia Él, el que lo llevó a la crucifixión con toda clase de disculpas para poder justificar su muerte.

Usted es la luz de la esperanza de sus padres, la de sus hijos, familiares y de las nuevas generaciones, igualmente como su padre puede ser para usted una luz y esperanza si van por un buen camino y están haciendo las cosas bien, en reciprocidad, en el amor que los debe arropar desde la inmensidad del universo y del espacio infinito.

No pueden seguir ignorando esa gran ayuda que les ha enviado nuestro Padre creador para vuestra salvación por intermedio de sus mensajeros a pesar de que les han hecho daño a través del tiempo, a unos les han quitado la vida, a otros los desobedecieron, como le pasó a Moisés por la desobediencia del pueblo de Dios, quebró las tablas de la ley antes de darlas a conocer a su pueblo. Al maestro Jesús de Nazaret lo crucificaron porque dudaron de su inmenso poder y de su doctrina que vino a enseñar en el amor hacia tu hermano, hacia tu prójimo. Así poco a poco han ido apareciendo grandes seres humanos en la historia de la humanidad, dueños de grandes espíritus y virtudes y los han ido inmolando a medida que van apareciendo, porque a algunos de los seres humanos no les conviene lo que ellos están haciendo en beneficio del desvalido, como les sucedió a Mahatma Gandhi, John F. Kennedy, Martin Luther King, Juana de Arco, entre otros héroes y heroínas que lucharon por los derechos humanos y la igualdad entre todos los seres humanos. Y así lo siguen haciendo hasta la fecha aquellos seres humanos que están buscando que usted y el resto de sus hermanos vivan en la oscuridad para que nunca lleguen a ser espíritus de luz y alcancen evolución espiritual, porque ellos viven en la oscuridad y son de espíritus endurecidos que no quieren ver la luz y siempre han sido perdedores y quieren que tú, que usted o ustedes caigan en la desgracia y tengan estancamiento espiritual con sus pruebas.

El amor incondicional no es el amor enfermizo que persigue y hace daño, llevándolos inclusive algunas veces hasta el borde del suicidio o a cometer un acto de barbarie con sus parejas, el amor incondicional es sublime, trae paz y armonía espiritual, viene desde la creación del mismo espíritu inmortal; vivan en el amor a Dios y a su prójimo, cumplan con sus deberes a cabalidad, haciendo las cosas bien a medida que vayan poblando los diferentes espacios que hay sobre la tierra, no acaben con sus recursos naturales, no los contaminen con residuos tóxicos, para que el aire, el agua sigan siendo puros, para que el sol siga siendo fuente de energía y de vida, en todos los procesos en donde se necesita de sus rayos y de su luz, para la fotosíntesis, para alumbrar sus días, librándolos de la oscuridad de una noche permanente.

Cuiden de la naturaleza, denle el trato que se merece, conserven su flora, la fauna y todo lo que tiene que ver con la madre tierra, todo   tiene una lógica desde un principio y encaja perfectamente en el engrane de la vida y está en sincronía con el espacio infinito, nada ha quedado suelto desde el inicio de la vida, hasta lo que tú crees que es insignificante, es de mucho valor para la vida y el engranaje universal.

No pueden seguir en caída libre hacia la destrucción del planeta, cuídense los unos a los otros, trabajen de la mano en sus quehaceres para que logren su salvación, no se hagan daño más allá de una ofensa personal que deben eliminar del diario vivir, cada ser humano que hay en la tierra debe ser un punto de apoyo de otro para que trabajen unidos en defensa de la vida. La naturaleza y sus especies deben seguir por un camino lleno de amor y de prosperidad espiritual, no deben dejar que los escépticos y los agnósticos los permeen y les hagan daño con sus creencias, porque no creen en la existencia del Padre creador en el universo infinito y tienen la creencia de que la vida es solo una y hay que disfrutarla incluso haciendo daño, porque según ellos después de su muerte no se sigue nada y no tienen nada que venir a remediar en una próxima oportunidad. Si usted tiene estos ideales se los respetamos, le pedimos al Padre creador que no sea tarde para que usted no siga afectando su futuro espiritual, para que encuentre la luz lo más pronto posible y nos ayude a avivarla, para que siempre esté encendida en su espíritu y sea un nuevo multiplicador que ayude a otros a encontrar la luz.

Todo está dado desde el espacio infinito para que lleguen a triunfar y tengan éxito en lo que hacen a lo largo de vuestra existencia terrenal y vayan humildemente en el amor a dar a conocer de lo que saben, sin vanagloriarse, invitando a vuestros semejantes a beber de la misma fuente para que todos vibren en la misma frecuencia en el amor, mejorando sustancialmente las energías vibratorias circulantes en la tierra; si lo siguen haciendo así, cada día será mejor para la permanencia de los seres humanos en la tierra, las especies animales y todo lo que rodea el entorno terrenal.

Deben ser dueños de una muy buena moral y ser pulcros en lo que hacen para que gocen de buena reputación y tengan mejor éxito en sus vidas. No pueden seguir dejando que los infelices y las ovejas descarriadas les sigan opacando la luz que los alumbra amargándoles la vida y tal vez con ello matando la esperanza que tiene cada uno de ustedes de tener un mundo mucho mejor cada día. Conviértete en el faro que alumbra a tu predecesor y del que está allí a tu lado, ilumina su camino para que no caiga en la desgracia, hazlo sin egoísmo y no lo hagas para sacar pecho, ni para que otros seres humanos te exalten, la humildad debe primar entre todos los seres humanos, para que les vaya bien en lo que están haciendo, en lo que están sembrando, para que mañana haya esperanzas de recoger buenos frutos. Mira cuanto hay para hacer en la vida diaria y lo que tienen que hacer para lograr construir cada día un mundo mejor, si todos se proponen siendo solidarios con sus hermanos rezagados, lo pueden lograr y por cierto lo pueden hacer muy bien y si lo hacen unidos será mejor, trabajen en el amor incondicional hacia tu hermano, nivelen las cargas con el que se ha quedado y ha perdido su ilusión, no sigan permitiendo que el desamor les siga haciendo daño y los mantenga alejados del que necesita de su respaldo.

Acuérdate que el odio enceguece y la vanidad te puede enfermar y hasta quitarte la misma vida, cuando no estás conforme con lo que tienes y hasta con tu mismo cuerpo que a veces lo quieres mejorar con cirugías. Adelante, hagan las cosas bien, desde ahora con amor, para que no se equivoquen y la desgracia nunca los vaya a tocar; sigan trabajando juiciosos en su tarea y si de pronto les queda faltando un poquito, ténganlo por seguros que Dios nuestro Padre celestial les dará otra oportunidad y las que llegaran a necesitar para que alcancen progreso espiritual y la salvación de vuestros espíritus, que viene a ser el epílogo de vuestra vida terrenal, para no tener que volver a regresar y partir con otro rumbo que nuestro Padre celestial les tenga destinado, contando con el beneplácito de sus espíritus, porque nada se hará sin tu consentimiento ya sea para llegar a la tierra o a cualquier otro espacio interestelar.

Dios padre amoroso, creador del universo, del cielo, de la tierra, las estrellas y todo lo habido y por haber según sea su voluntad, creó al hombre a su imagen y semejanza, lo creó varón y lo creó hembra en su infinita sabiduría, para que fueran compañía y poblaran la tierra con sus descendientes, en ese orden de ideas desde el mundo espiritual.

Adán y Eva fueron la semilla que Dios esparció sobre la tierra para que otros seres tuvieran la oportunidad de llegar a la vida en una lógica renovación generacional, en el amor incondicional del Padre creador y hasta amándose los unos a los otros responsablemente por la procreación y la necesidad de poblar la tierra. En esas épocas de la historia de la humanidad las familias eran numerosas, compuestas por varios hijos, tíos y hermanos que vivían muchas veces en el mismo recinto, o en la misma choza, ramada o aldea; no existía entre los seres humanos la preocupación de tener familias numerosas, como les está pasando hoy en día que están controlando la natalidad con extremas medidas de planificación familiar. En los tiempos pretéritos había cabida para todos y eran bien llegados a los lugares que querían asistir con la ayuda de Dios Padre, en los inicios de la vida los pocos seres humanos que vivían en sus aldeas eran fervientes seguidores de la ley de Dios y seguían sus mandamientos al pie de la letra, para no irle a fallar a su amo y Señor; esta tradición se fue pasando de generación en generación, de una tribu a otra tribu, hasta el día en que otras culturas las permearon, por el poder del rey o del faraón que quería imponer sus leyes, y fueron grandes las batallas que se generaron entre los que creían en Dios amo y señor del universo y los seguidores del rey o del faraón, que querían imponer sus dioses e ídolos terrenales, sin ninguna aparición espiritual trascendental a la vista, con una persuasión constante que motivara a las personas a seguir dichos dioses faraónicos y sus doctrinas.

Las luchas se daban entre las diferentes etnias, que buscaban posicionar sus ídolos de barro y no tenían los argumentos necesarios para desvirtuar los constantes testimonios de la ayuda del Señor a su pueblo, manifestados en las sorprendentes y maravillosas apariciones que se obraban como testimonio viviente para afianzar la fe de su pueblo en busca de la luz y la salvación; los testimonios siempre serán la respuesta de amor de un padre hacia sus hijos en obediencia, padre que buscaba salvarlos de las mano de su opresor, un rey o un faraón, ya ustedes saben a través de la historia de la humanidad, de los seres humanos dueños de grandes espíritus que llegaron con misiones específicas y con la luz de la esperanza, buscando la salvación de los hijos de Dios para que tuvieran un mejor y nuevo amanecer, es el caso de Moisés, Lot, Job, Abrahán, Noé, María madre de Jesús, el mismo Jesús de Nazaret, entre otros seres de la antigüedad y de la época contemporánea hasta vuestros días. Ya ustedes conocen en el tiempo y en la historia de la humanidad, la labor que cada uno de ellos desempeñó posteriormente en la tierra para la salvación del pueblo de Dios y de la humanidad, seres humanos que de una forma o de otra, colocaron su grano de arena para que todos los hijos de Dios siguieran su camino libre de obstáculos hacia la tierra que Dios les había prometido, librándolos de las manos del faraón o del rey opresor. Entre los grandes seres que Dios ha enviado para la salvación del mundo, el más relevante fue el maestro Jesús de Nazaret.

Dios siempre ha permitido en diferentes épocas de la historia, desde la antigüedad hasta vuestros días, la aparición en la tierra de nuestros hermanos mayores, de mucha luz y poder espiritual, para que pusieran orden al caos que se había formado en la antigüedad; Dios lo sigue permitiendo ahora en el presente, porque hay más seres humanos involucrados en hechos de dolor y están haciendo del plano terrenal un lugar invivible para los que van por un buen camino y para muchas razas del espacio exterior que quieren visitarlos y hacer contacto para ayudarlos a salir adelante, mientras otros desean llegar a formar más caos y agredirlos porque no quieren que la raza humana se fortalezca y permanezca en el planeta, por eso hay tanto duelo y dolor entre todos ustedes, hermanos.

Dios en ese amor universal e incondicional les dio a los seres humanos la potestad de poblar la tierra para que la cuidaran y disfrutaran de ella en paz y en armonía con los demás seres vivientes con los que iban a compartir hábitat, en tiempos en que el hombre sumiso y obediente escuchaba la palabra de Dios directamente de la fuente celestial y la predicaba libremente sin buscar retribución alguna, nunca dudaba de la divina providencia y aceptaba los designios del señor su Dios único y verdadero. En aquellos tiempos se presentaban muchos hechos paranormales, que hoy en día, de acuerdo a la religión que usted profese en su fe, les están llamando milagros, mientras otras los están desvirtuando, poniendo en tela de juicio un mandato de Dios sobre la tierra. Estas señales se dan para que los seres humanos se apoyen en ellas y se estimulen en la búsqueda de la luz y de la verdad y puedan encontrar lo que hay más allá de la vida y acepten la muerte con amor, para que comprendan que esta es solamente un cambio de transición que no los puede seguir aterrorizando y más bien la esperen de la mejor manera.

La muerte es la luz de la esperanza del espíritu para desprenderse del cuerpo material cuando ya no lo necesita, porque tal vez se ha deteriorado por alguna enfermedad o la misma vejez y necesita cambiar de vestimenta para nacer ya sea como hombre o como mujer según la misión que desee emprender, porque el espíritu carece de sexo y ese solo es un atributo material para poder llegar a la vida, en una bella metamorfosis como si fuera una oruga, dándole vida a una bella mariposa y empieza el espíritu nuevamente a rodar en la vida, en una nueva misión si le ha faltado para terminar su tarea y poder lograr definitivamente el perdón de sus faltas de ley de causa y efecto del pasado.

Los hechos paranormales no se están dando para aterrorizarlos, ni para infundirles miedo, ni mucho menos para engañarlos o para confundirlos; estos se están dando con la ayuda del mundo espiritual y el Padre creador siempre los ha permitido para que los seres humanos tomen conciencia y se den cuenta de que hay algo más allá de la vida misma, en donde el espíritu inmortal hace presencia en cualquier lugar de la tierra y del espacio infinito por efecto del libre albedrío y el consentimiento de Dios omnipotente, estos acontecimientos de apariciones espirituales van a llevar a los seres humanos que, están haciendo tránsito por el camino equivocado a reflexionar y a reorientar sus vidas para que a partir de este momento tales hechos aumenten la fe de los hombres en la tierra y se dediquen después a hacer una buena labor, durante lo que les falte de su presente existencia terrenal. Estas presencias paranormales o espirituales, como las quieran llamar, les va a servir de base para que organicen sus vidas y vivan de la mejor manera posible, para que se atemperen y sean un ejemplo para la sociedad; creemos y estamos convencidos de que ninguno de ustedes quiere ser un fantasma y quedar atrapado haciendo presencia en cualquier lugar de la tierra, por algo que hizo mal o que prometió y dejó de hacer, hasta que alguien en ese amor incondicional algún día lo libere.

¿Cuántos de estos hechos paranormales muestran a personas que están atrapadas en algún recinto o en cualquier paraje solitario y no han podido pasar a otra dimensión espiritual? Algunas porque han tenido malos procederes con su semejante, otras porque no cumplieron su promesa, mientras el daño de otros ha sido mayor, de pronto se quitaron la vida o se la cortaron a su hermano; no somos los llamados a juzgarlos, usted y su conciencia es su propio juez natural y el que impondrá su propio castigo, Dios es ese amor incondicional y que no es el Dios castigador. como se lo están mostrando las diferentes religiones e iglesias en el mundo, para que vivan en temor al Padre creador, para mantenerlos aterrorizados y acorralados con su palabra, para poderle sacar partido de lo que usted haga o deje de hacer en el nombre de Dios. Usted es el dueño de sus pruebas y las diseñó buscando su propio beneficio espiritual, si falla su conciencia será su propio juez y usted mismo se impondrá lo que va a hacer para enmendar su error.

En la antigüedad los pensamientos de los pobladores de las regiones eran sanos, no existía interés alguno de engañar a las personas de dichas comunidades para sacar provecho de su ignorancia, el único interés que existía era la de afianzar la fe de los hombres en Dios omnipotente. Los cambios de conciencia y de pensamientos en la antigüedad se fueron dando a medida que el hombre fue conquistando nuevos espacios y logró permear sus culturas, imponiendo sus pensamientos y principios dogmáticos por la pobreza espiritual de los regentes de dichas comunidades que se dejaron confundir y empezaron a dudar de la existencia de Dios en el universo y a denigrar de la palabra del Señor su Dios, por la misma diversidad de creencias que fueron apareciendo a través de los tiempos y a los principios espirituales de las diferentes comunidades que existían en la antigüedad. Estos acontecimientos marcaron el inicio de las guerras entre tribus, imponiendo sus leyes el emperador o el faraón de turno que salía vencedor, convirtiéndose en un pequeño dios idolatrado por sus súbditos, desconociendo al dueño de la creación, al señor tu Dios, y cada una de las tribus adoptó las creencias del ser que asumía el poder por imposición, obligándolos a desconocer y desconfiar de la obra del Padre creador y de su palabra de amor hacia sus hijos, para que lo siguieran libremente.

Desde la antigüedad se vienen dando las guerras por ideologías religiosas, culturales, raciales, entre todas las que se libran, o por algún espacio que alguno de los hombres quiere conquistar; ya es tiempo de que la conciencia les diga no más, paren los nuevos holocaustos que se están llevando a cabo en los campos, en las ciudades, rotulándolos con otro nombre para poder ocultar estos hechos de dolor que los enluta y que cada día están diezmando a la raza humana; hoy en día con cualquier disculpa se están atacando entre hermanos. No puedes seguir cohonestando con el que tiene el poder para que haga daño al necesitado, porque de allí te vas a ganar algo y crees que es la mejor manera de ganarte el sustento para tu familia, con el dolor ajeno, "no hagas a otro lo que no quieres que te hagan a ti" Mateo 7-12.

Hoy en día por el materialismo de los seres humanos, que algunos supuestamente se les han dado las cosas con facilidad y tienen grandes fortunas, ha cogido fuerza entre ellos el desconocimiento del Señor tu Dios, creador de todas las cosas habidas y por haber, en donde cualquier ser humano, por su poder económico o por sus estudios y los conocimientos que tienen se creen un dios; serán dios del pequeño mundo y reino que han formado a su alrededor y son los que se abrogan el derecho a quitar y a poner, formando un caos en la tierra porque van acaparando todo lo que encuentren a su paso por su poder económico y bajeza espiritual, sin importarles a quién van agredir o a quién ofenden, convirtiéndose por su despotismo en hombres sin Dios y sin ley. Les podemos decir a los que se creen esos pequeños dioses en el falso mundo que han creado a su alrededor, que hay un ser superior a ellos, dueño de la vida de todo ser humano, animal o vegetal, del aire, las estrellas y en fin de todo lo que puedan pensar y abarcar con sus mentes prodigiosas, a Él le deben respeto y sumisión.

Ama a Dios sobre todas las cosas y la vida te sonreirá. Desde acá desde el mundo espiritual los invitamos a cambiar y volcar su mirada hacia Dios y hacia el desvalido, hacia tu hermano necesitado de amor, de quien le suministre el pan de cada día y hasta un buen consejo para seguir adelante su camino, no deben desconocer que Él es nuestro amo y Señor el Dios de los cielos, creador de tu vida y sin la voluntad de Él ningún ser viviente o inanimado estaría en el lugar que está ocupando y no tendrían ninguna oportunidad de éxito en lo que pretendan hacer, porque Él es el maestro, Él es el rey de reyes y no hay ser humano allá en la tierra que lo pueda destronar y decir que va a morir y va a llegar al mundo espiritual a ocupar su espacio y va a reinar sobre la tierra, porque Dios lo reemplazaba, mientras estaba de pasantía en el plano terrenal; ese ser no ha nacido ni llegará a nacer. Ama a Dios como a ti mismo y Él te llevará guiado de su mano por un buen camino, lleno de amor y prosperidad espiritual, para que puedas hacer las cosas bien y terminarlas en su nombre; cuando amas a Dios y lo reconoces como tu creador, amas a tu prójimo, gozarás de buena salud y autosanación si te enfermas, tu espíritu siempre estará radiante ante el estupor de los incrédulos y agnósticos, la vida te sonreirá sin ningún contratiempo y por vivir en paz espiritual te representará larga vida, igualmente contarás con la ayuda espiritual y el tiempo necesario para que puedas terminar tu obra en nombre del Señor tu Dios.

A medida que los seres humanos continuaron avanzando en la búsqueda de bienes materiales y de otros placeres encontrados al desarrollar su proyecto de vida, se fueron olvidando poco a poco del primer mandamiento: Amar a Dios sobre todas las cosas. Los seres humanos le están dando más valor a lo que están consiguiendo, aman su casa, su mascota y los bienes que van adquiriendo a lo largo de su existencia terrenal y relegan a Dios del lugar que debe estar ocupando en su conciencia y su corazón; Él está por encima de todas las cosas terrenales y es el eje principal que mueve la vida en todas sus manifestaciones, hasta en el rincón más inhóspito del planeta o del universo infinito en donde la puedas encontrar.

No sigan permitiendo que los sentimientos de amor hacia Dios y hacia el prójimo sigan desapareciendo de la vida cotidiana y apaguen la luz de la esperanza del que necesita de ayuda; vivan en el amor a Él e irrádienlo hacia su semejante, eso les permitirá vivir en paz y en armonía espiritual con el universo, la naturaleza y todo lo que los rodea en el planeta tierra.

Nuestro Padre celestial es supremamente sabio e inconmensurable y desde la creación proyectó la vida de cada ser humano, la razón de existir de los reinos de la naturaleza, de cada planta, unas curan, otras les pueden hacer perder hasta la vida, si no le dan su uso adecuado; cada mineral, cada fósil y hasta el aire que respiran encajan perfectamente en el engranaje universal, por eso les pedimos no destruyan lo que Dios ha creado en algunos instantes de exhalación que para ustedes pueden representar siglos en evolución y en la recuperación de un bien destruido de la naturaleza; no sigan interviniendo en la creación destruyendo lo que el Padre creador les ha dado, mañana no se quejen por lo que dejaron de hacer por la salvaguarda del planeta. Desde hace mucho tiempo venimos abogando ante los seres humanos para que cuiden de la naturaleza y de todas sus especies animales, vegetales y el entorno que los rodea y del espacio exterior, para que no lo contaminen con las basuras de vuestros satélites obsoletos que circundan el espacio exterior, que dejan allá por los costos que genera volverlos a poner en tierra para reciclar.

Todo en el universo y en la tierra tiene una razón lógica de existir y Dios en su inmensa sabiduría, el arquitecto de la vida, la planeó milimétricamente desde un principio no dejando cosas al azar, obedeciendo todo lo que les sucede en ese sistema, a una ley de causa y efecto; en ese orden de ideas ha permitido que, nuestros hermanos mayores, con su aporte espiritual o material, pongan su grano de arena para la edificación de una nueva cultura y un mundo más en paz, para que cada día tengan una luz de esperanza y un mejor amanecer, de allí sus leyes dictadas en un principio a Moisés para la salvación de su pueblo israelita, para que vivieran en armonía espiritual como hermanos sin hacerse daño, como quedó establecido en el decálogo de mandamientos y posteriormente en la ley Mosaica, poco a poco los seres humanos han ido reemplazando sus mandamientos e interpretando los textos bíblicos a su amaño y antojo buscando el beneficio personal, asimismo han ido desapareciendo de la vida cotidiana los sentimientos de amor hacia Dios y hacia el prójimo. No permitan que esto les siga sucediendo, apóyense en el amor incondicional para que radien buenas energías hacia sus hermanos y se mantengan siempre unidos en el amor.

Los mandamientos son parte fundamental para desarrollar una buena convivencia ciudadana y fueron la luz de la esperanza para los israelitas y sus descendientes. Dios no se equivocó al dictarlos desde la antigüedad y los seres humanos los han ido aboliendo con cada nueva generación que va llegando, o no le están prestando la debida atención para seguir las leyes de Dios, porque tal vez se benefician al ignorarlos y ocultarlos para que nadie encuentre la verdad y sigan por el camino equivocado ofendiendo a Dios y a sus semejantes; en el pasado respetaban las leyes de Dios y guardaban fervor según la religión, es nuestro querer que todos los seres humanos se vuelvan a encauzar en el amor a nuestro Padre creador y hacia su prójimo para que trabajen unidos en ese amor incondicional por la salvación del planeta y de la especie humana. No permitan que la madre tierra se siga deteriorando por la tala indiscriminada de bosques y el horadar de sus entrañas en busca de recursos minerales.

Por favor, saquen unos instantes de su vida diaria para que entren en comunión con el Padre creador y el mundo espiritual, para que les dé luz y permita que nuestros hermanos mayores los auxilien en sus proyectos de vida si están estancados; ustedes son la luz de las nuevas generaciones que van a llegar a reemplazarlos en cualquier instante de vuestras existencias, porque allá en el plano terrenal ningún ser humano es eterno, aprovechen esos instantes que tienen para que hagan las cosas de la mejor manera posible y de buena fe logren terminar sus tareas. Si están haciendo tránsito por el camino equivocado, les pedimos hagan un paréntesis en sus vidas y entren en reflexión, para que no sigan ofendiendo a nuestro Padre creador, a vuestro semejante, a la madre naturaleza a la que ustedes contaminan todos los días con sus basuras, con los residuos tóxicos que emanan las industrias y desde sus mismas casas, sin ningún control eficaz que haga detener estas emisiones nocivas para la salud y la vida.

Regálenle unos minutos a Dios y vuelvan a la oración familiar hecha desde sus casas con vuestros hijos, familiares y amigos, para que tengan ese recogimiento espiritual que les hace falta y logren en esa comunión y en armonía darle gracias a Dios por vuestras vidas, por la de sus amigos y familiares, en ese amor incondicional que los debe rodear a todos de por vida, no siendo egoístas con aquel hermano que a diario les acompaña. Enséñenle los pasos a seguir con lo que han aprendido para que mañana tengan un mundo mucho mejor y amañador; no bajen los brazos ante tanto hecho de dolor que los aflige y los apena ante el Padre amoroso, combátanlos desde el interior de sus casas, dándoles buena educación a vuestros hijos para que sean disciplinados desde su niñez, muchas cosas de estas las pueden hacer sin maltrato físico o palabras soeces hacia su familiar, amigo o semejante. Sigan luchando por el bien común para que mañana nada les falte y puedan construir, entre todos, un mundo cada día mejor, para los que ya lo están habitando y para los que van llegando en una nueva legión de espíritus, encomendados por el Padre creador en misiones especiales, para la renovación espiritual en la tierra, para que ellos se unan a los que ya están trabajando en la búsqueda de vuestra salvación y la del planeta.

No se aprovechen de la oración y de lo que saben para hacerle daño a vuestros hermanos, la oración debe unirlos en el amor a Dios y hacia tu prójimo, para que entren en armonía con el universo y el mundo espiritual; hoy en día han perdido la tradición familiar de la oración en casa y pocos están asistiendo a las celebraciones religiosas que son efectuadas, por la degradación moral de algunos seres humanos, que están dando a conocer la palabra y se dan a conocer como líderes espirituales porque hablan muy bonito, predicándola a todo pulmón, se aprovechan de la fluidez de sus palabras y se proclaman como falsos profetas y apóstoles para abusar de la buena fe del buen cristiano y de los devotos de las demás creencias. No tergiversen la palabra para escudarse en ella y engañar a sus seguidores para sacar partido de ella, este mal comportamiento los hace ver como unos falsos corderos de Dios. La palabra debe ser compartida con amor y sin asomo de algún engaño, para que todos la puedan seguir, ver la luz en ella y asuman un mejor patrón de vida espiritual.

Cumplan a cabalidad con los deberes espirituales que tienen como hijos de Dios en busca de la luz, para que queden a paz y salvo con la deuda kármica que han contraído con sus hermanos a quienes ofendieron en el pasado, únanse en oración y pídanle al Padre creador para que les perdone el mal que han hecho en el pasado y en el presente; sigan trabajando unidos para que salven el planeta y la posible extinción de los seres humanos en la tierra, háganlo por el bien de todos, de sus especies animales y vegetales, vivan en unidad familiar para que se contagien del dolor ajeno y sean solidarios con el desvalido, visiten a sus enfermos, a los desvalidos y sus familiares que no han visto durante la semana o quizás durante meses, salgan en su búsqueda, quizás ellos puedan estar enfermos y no se han dado cuenta, saquen el tiempo necesario para visitarlos y pidan por ellos la sanidad espiritual y material al Padre creador. Este gesto de amor hacia tus hermanos será motivo de alegría para ellos, para tu mismo espíritu, tus guías y protectores espirituales y te congraciará ante el Padre creador. Hoy en día casi nadie está visitando a los enfermos, a sus familiares, a sus amigos para darles una voz de aliento, los están dejando abandonados en los hospitales, en las clínicas o confinados en el último cuarto de sus casas para que nadie los vea y se percate de la penosa situación que están viviendo, muchas veces ocultando la enfermedad de sus hermanos e inclusive la desaparición natural de ellos; todo lo hacen en secreto y no piden ayuda para que los amigos le hagan oración y pidan los beneficios espirituales para que todos sanen, muchos no están visitando a los familiares por no compartir con ellos lo que tienen y no querer enterarse de sus necesidades por puro egoísmo e indiferencia con su hermano ávido de ayuda espiritual o material. No todo en la vida puede representar dinero, para solucionar un problema espiritual, una sencilla oración que hagas por tu hermano, es el más humilde tesoro que le puedes dejar y significaría mucho para su vida en un futuro, de esta manera estás enalteciendo a tu espíritu ante el Padre creador y hacia tus hermanos en la tierra o en el espacio infinito; nada está perdido siempre y cuando tengas ánimo de seguir trabajando y luchando por un mejor futuro para los seres humanos y la preservación de la vida en el planeta, acuérdate que el futuro está en el presente, empieza ya a construirlo, no lo puedes dejar para el mañana. El mañana ya será tarde y no queremos que los seres humanos lleguen a sucumbir por su negligencia y el planeta y la vida sigan en caída libre y en un fatal deterioro.

Si todos los seres humanos fueran honestos, sinceros, equitativos, alejados del odio, de la maldad y de tanto mal proceder que los está afectando en la vida diaria, la tierra sería ese paraíso creado desde un inicio por nuestro Padre amoroso, no habría tantos hechos punibles y de dolor, que los están llevando a contraer más deudas de causa y efecto y sabemos que todos llegaron al plano terrenal a sanear su pasado espiritual, buscando ascenso espiritual para no tener que regresar mañana a enmendar otro error del pasado, porque contrajeron otra deuda espiritual en su presente existencia; aprovechen la luz de la esperanza para seguir avanzando cogidos de la mano con el mundo espiritual, si solos no pueden salir adelante sin la ayuda espiritual que, les podamos suministrar para que encuentren la luz y la solución a vuestros problemas, como lo dicen de manera coloquial

"Ayúdate que yo te ayudaré" y "Soy el Señor tu Dios, que sostiene tu diestra, que te dice: No temas yo te ayudare" Isaías 41:13.

La luz de la esperanza un nuevo amanecer, no la pueden conseguir de la noche a la mañana, hay que trabajar arduamente unidos en una sola familia, buscando igualmente la perfección moral de todos los seres humanos para que sus espíritus vibren en una mejor frecuencia y puedan elevar su nivel espiritual, para que puedan dar el salto cuántico y entren a una nueva dimensión espiritual. Ya no hay tiempo para más esperas, cada día se les está acortando el camino para que alcancen un mejor nivel espiritual; aún hay seres humanos que no hacen ningún esfuerzo para salir adelante en cualquier propósito de vida, siguen viviendo como parásitos en la ilegalidad, haciendo y deshaciendo de la obra de Dios y sin ningún temor hacia Él, desafiantes ante quien los pueda amedrantar o atormentar, siendo Dios a quien todos le debemos sumisión y respeto y quien nos ha dado la oportunidad de seguir en el camino como espíritus en el espacio infinito o como espíritus encarnados en el plano terrenal.

Los invitamos a seguir trabajando en ese amor incondicional que los debe unir por siempre, para que salgan bien librados con lo que van a hacer, para seguir ascendiendo y escalando posiciones mientras estén viviendo allá en la tierra, entretanto acá en el espacio infinito les seguiremos haciendo las anotaciones del caso, ya sean favorables o desfavorables, para que reciban el tan buscado y trabajado ascenso espiritual, por eso dedíquense a trabajar, no duden de la presencia de Dios en el universo, para que tal vez esta duda, los anime a vivir en la ilegalidad y los motive a vivir la vida deportivamente porque creen que no hay nada en que temer; si aún no lo has entendido te lo podemos decir con mucho amor y con toda la fuerza de nuestro espíritu. Dios nuestro Padre celestial desea la salvación de los seres humanos y la preservación del planeta y a través de la historia de la humanidad te has podido dar cuenta de cuantos salvavidas les ha enviado, empezando por Moisés, el mismo maestro Jesús de Nazaret y hasta vuestros días grandes luchadores que han ido llegando para unirlos en el amor, para que haya paz y armonía espiritual entre todos los seres humanos, algunos de ellos han caído inmolados por las manos de los que quieren seguir viendo a la humanidad en la oscuridad. Ahora métete en el cuento, tu espíritu necesita trascender más allá de tu misma vida y solo lo podrás lograr con tu propio trabajo y esmero, nadie te podrá reemplazar en ese trabajo que debes realizar desde ahora para que tu espíritu encuentre la luz y pueda seguir el camino que Él diseñó para tu vida. Si en algún momento estás estancado, Dios ha puesto a tu lado a tus guías y protectores espirituales para que te auxilien cuando lo necesites en ese amor incondicional que el Padre creador nos concedió.

Adopten una buena conducta moral para que se tracen un buen destino lleno de luz y de bondad, para que no vayan a ofender con lo que están haciendo a nuestro Padre creador y a sus semejantes; vivan en el amor para que las buenas energías los acompañen y los blinde contra las malas energías de los seres espirituales, que los están asediando y atormentando con malos pensamientos, para no dejarlos vivir en paz y sigan causando daño sin ninguna compasión del que se les atraviese en el camino. Tomen conciencia y hagan un profundo análisis de lo que están haciendo y de lo que ya han hecho en su presente existencia, para que tomen lo mejor de ella y desechen lo que los pueda estar perjudicando, para que mañana no se tengan que lamentar; los que aún no lo están haciendo empiecen ya a vivir en el amor a Dios y hacia sus hermanos; esa es la mejor y práctica manera de deshacerse de las malas energías, de los que están asediándolos para que causen daños y sigan siendo escépticos con la creación y de tus propios días como ser humano.

Saquen los malos pensamientos de sus conciencias para que tengan paz espiritual y larga vida; desde acá desde el espacio infinito, los invitamos a mejorar su actitud hacia los demás seres que los rodean y los acompañan día tras día, para que tengan un mundo más en paz y equilibrado, en lo que hace cada ser humano en su diario vivir no pueda seguir transgrediendo las leyes espirituales ni vuestras leyes terrenales, convencidos de que están haciendo las cosas bien y de que nadie se está dando cuenta de lo que hacen en el diario vivir, y tal vez siguen pensando que van por un buen camino. Desde el mundo espiritual los estamos observando, les podemos decir que todos los hechos dolosos son adversos para el espíritu, eso les va marcando y separando una morada acá en el mundo espiritual, en donde se encontrarán cuando fallezcan con todos los espíritus que vibran en la misma frecuencia, del embuste, de la mentira y de la trampa convirtiéndose su espíritu en un embustero, por el mal uso que le daban a su palabra, de esconder con una mentira una gran verdad, en los hechos que les marcaron a su paso por la vida terrenal y ha sido su conciencia su propio juez. Por si acaso no creas que tus pilatunas y las agresiones que hiciste a tus semejantes van a pasar desapercibidas por el mundo espiritual, tal vez allá en la tierra las pudiste esconder y te burlabas de las personas con todo lo que les hacías, pero acá les tenemos el registro porque somos los encargados en el espacio infinito de llevar la bitácora de tu vida terrenal, ningún evento de los que suceden allá en el mundo material pasará desapercibido en el mundo espiritual. Todo tiene una razón de ser para seguirlos evaluando en lo que están haciendo, en busca de su progreso espiritual, sigan haciendo las cosas bien y transiten por un buen camino, para que sus espíritus no vayan a sufrir en un futuro de un estancamiento espiritual por no hacer las cosas bien, queremos que ustedes sean la luz de la esperanza para sus hijos y todos sus familiares, enmarcándola en el amor incondicional hacia su prójimo.

El nombre de nuestro Padre celestial no es un juego y es para que le presten la debida atención, los que aún lo usan para hacer sus fechorías, les podemos mostrar otra cosa o hacérselas saber que el espíritu de cada uno de ustedes, hermanos, en el momento de desencarnar reconocen qué hicieron mal y qué hicieron bien, dependiendo de la turbación espiritual y lo materializado que hayas sido en la vida, haz de cuenta que tu cuerpo es una computadora y tu espíritu es el disco duro con el que sale al momento de partir hacia el mundo espiritual para ser descargado y reconocer el pasado y el presente durante tu vida terrenal y ese será el balance que se tendrá en cuenta para tu ascenso espiritual. Por eso siempre les recomendamos, hagan las cosas bien, no se aprovechen del desvalido, no

les causen más dolor, para que todos puedan ver la luz.

Pasajes Biblicos que Hablan de la Luz y la Esperanza

"Una vez más Jesús se dirigió a la gente, y les dijo: Yo soy la luz del mundo. El que me sigue no andará en tinieblas, sino que tendrá la luz de la vida" Juan 8:12

"El Señor es mi luz y mi salvación; ¿A quién temeré? El Señor es el baluarte de mi vida; ¿Quién podrá amedrentarme?" Salmo 27:1.

Así nos lo ha mandado el Señor: "Te he puesto por luz para las naciones, a fin de que lleves mi salvación hasta los confines de la tierra" Hechos 13:47.

"Ni se enciende una lámpara para cubrirla con un cajón. Por el contrario, se pone en la repisa para que alumbre a todos los que están en la casa. Hagan brillar su luz delante de todos, para que ellos puedan ver las buenas obras de ustedes y alaben al Padre que está en el cielo" Mateo 5:15-16.

"La exposición de tus palabras nos da luz, y da entendimiento al sencillo" Salmos 119:130.

"Encomienda al Señor tu camino; confía en él, y él actuará. Hará que tu justicia resplandezca como el alba: tu justa causa, como el sol de mediodía" Salmos 37:5-6

"Pero si vivimos en la luz, así como él está en la luz, tenemos comunión unos con otros, y la sangre de su Hijo Jesucristo nos limpia de todo pecado" Juan 1:7.

"Él revela lo profundo y lo escondido, y sabe lo que se oculta en las sombras" ¡En él habita la luz!" Daniel 2:22 "Y dijo Dios: ¡Que exista la luz! Y la luz llego a existir" Génesis 1:3.

"Este es el mensaje que hemos oído de él y que les anunciamos: Dios es luz y en él no hay ninguna oscuridad" Juan 1:5.

"Nadie enciende una lámpara para después cubrirla con una vasija o ponerla debajo de la cama, sino para ponerla en una repisa, a fin de que los que entren tengan luz" Lucas 8:16.

"Pido también que les sean iluminados los ojos del corazón para que sepan a qué esperanza él los ha llamado, cuál es la riqueza de su gloriosa herencia entre los santos" Efesios 1:18.

"No formen yunta con los incrédulos". ¿Qué tienen en común la justicia y la maldad? ¿O qué comunión puede tener la luz con la oscuridad? Corintios 6:14.

"Pero ustedes son linaje escogido, real sacerdocio, nación santa, pueblo que pertenece a Dios, para que proclamen las obras maravillosas de aquel que los llamó de las tinieblas a su luz admirable" Pedro 2:9.

"Restáuranos, Señor Dios Todopoderoso; haz resplandecer tu rostro sobre nosotros, y sálvanos" Salmos 80:19.

"Toda buena dádiva y todo don perfecto descienden de lo alto, donde está el Padre que creó las lumbreras celestes, y que no cambia como los astros ni se mueve como las sombras" Santiago 1:17.

"Que irradie tu faz sobre tu siervo; por tu gran amor, sálvame" Salmos 31:16.

"Así que todo lo que ustedes han dicho en la oscuridad se dará a conocer a plena luz, y lo que han susurrado a puerta cerrada se proclamará desde las azoteas" Lucas 12:3.

"Pero Dios me ha ayudado hasta hoy, y así me mantengo firme, testificando a grandes y pequeños. No he dicho sino lo que los profetas y Moisés ya dijeron que sucedería: que el Cristo padecería y que, siendo el primero en resucitar, proclamaría la luz a su propio pueblo y a los gentiles" Hechos 26:22-23.

"Porque no fue su espada la que conquistó la tierra, ni fue su brazo el que les dio la victoria: fue tu brazo, tu mano derecha; fue la luz de tu rostro, porque tú los amabas" Salmos 44:3.

"Vosotros sois la luz del mundo. Una ciudad situada sobre un monte no se puede ocultar; ni se enciende una lámpara y se pone debajo de un almud, sino sobre el candelero, y alumbra a todos los que están en la casa. Así brille vuestra luz delante de los hombres, para que vean vuestras buenas acciones y glorifiquen a vuestro Padre que está en los cielos" Mateo 5:14-16.

Romanos 13:11-14.

11 Y esto, conociendo el tiempo, que es ya hora de levantarnos del sueño; porque ahora está más cerca de nosotros nuestra salvación que cuando creímos.

12 La noche está avanzada, y se acerca el día. Desechemos, pues, las obras de las tinieblas, y vistámonos las armas de la luz.

13 Andemos como de día, honestamente; no en glotonerías y borracheras, no en lujurias y lascivias, no en contiendas y envidia.

14 sino vestíos del Señor Jesucristo, y no proveáis para los deseos de la carne.

"Lámpara es a mis pies tu palabra, y luz para mi camino" Salmos 119:105.

Efesios 5:7-14.

7 No seáis, pues, partícipes con ellos, 8 porque en otro tiempo erais tinieblas, pero ahora sois luz en el Señor; andad como hijos de luz 9 (porque el fruto del Espíritu es en toda bondad, justicia y verdad), 10 comprobando lo que es agradable al Señor. 11 Y no participéis en las obras infructuosas de las tinieblas, sino más bien reprendedlas, 12 porque vergonzoso es aun hablar de lo que ellos hacen en secreto. 13 Mas todas las cosas, cuando son puestas en evidencia por la luz, son hechas manifiestas, porque la luz es lo que manifiesta todo. 14 Por lo cual dice: Despiértate, tú que duermes, y levántate de los muertos, y te alumbrará Cristo.

Corintios 4:3-6.

3 Pero si nuestro evangelio está aún encubierto, entre los que se pierden está encubierto;

4 en los cuales el dios de este siglo cegó el entendimiento de los incrédulos, para que no les resplandezca la luz del evangelio de la gloria de Cristo, el cual es la imagen de Dios.

5 Porque no nos predicamos a nosotros mismos, sino a Jesucristo como Señor, y a nosotros como vuestros siervos por amor de Jesús.

6 Porque Dios, que mandó que de las tinieblas resplandeciese la luz, es el que resplandeció en nuestros corazones, para iluminación del conocimiento de la gloria de Dios en la faz de Jesucristo.

"Mientras estoy en el mundo, yo soy la luz del mundo" Juan 9:5

"Jesús entonces les dijo: Todavía, por un poco de tiempo, la luz estará entre vosotros. Caminad mientras tenéis la luz, para que no os sorprendan las tinieblas; el que anda en la oscuridad no sabe a dónde va" Juan 12:35

Job 24:13:14

13 Ellos son los que, rebeldes a la luz, nunca conocieron sus caminos, ni estuvieron en sus veredas.

14 A la luz se levanta el matador; mata al pobre y al necesitado,
Y de noche es como ladrón.

"Levántate, resplandece, porque ha llegado tu luz y la gloria del Señor ha amanecido sobre ti" Isaías 60:1

Versículos de la Biblia sobre La Tierra Prometida

"Y os meteré en la tierra por la cual alcé mi mano jurando que la daría a Abraham, a Isaac y a Jacob; y yo os la daré por heredad. Yo Jehová" Éxodo 6:8

"Y apareció Jehová a Abram, y le dijo: A tu descendencia daré esta tierra. Y edificó allí un altar a Jehová, quien le había aparecido" Génesis 12:7

Génesis 26:2-5

2 El Señor se le apareció a Isaac y le dijo: No desciendas a Egipto. Quédate en la tierra que Yo te diré. 3 Reside en esta tierra y Yo estaré contigo y te bendeciré, porque a ti y a tu descendencia daré todas estas tierras, y confirmaré contigo el juramento que juré a tu padre Abraham. 4 Multiplicaré tu descendencia como las estrellas del cielo, y daré a tu descendencia todas estas tierras. En tu simiente serán bendecidas todas las naciones de la tierra, 5 porque Abraham me obedeció, y guardó Mi ordenanza, Mis mandamientos, Mis estatutos y Mis leyes.

"Porque toda la tierra que ves, la daré a ti y a tu descendencia para siempre" Génesis 13:15

"Y le dijo: Yo soy Jehová, que te saqué de Ur de los caldeos, para darte a heredar esta tierra" Génesis 15:7

"En aquel día el Señor hizo un pacto con Abram, diciendo: A tu descendencia he dado esta tierra, desde el río de Egipto hasta el río grande, el río Éufrates" Génesis 15:18
"Y te daré a ti, y a tu descendencia después de ti, la tierra de tus peregrinaciones, toda la tierra de Canaán como posesión perpetua; y yo seré su Dios" Génesis 17:8

"Y José dijo a sus hermanos: Yo voy a morir, pero Dios ciertamente os cuidará y os hará subir de esta tierra a la tierra que El prometió en juramento a Abraham, a Isaac y a Jacob" Génesis 50:24

"Por eso os he dicho: Vosotros poseeréis su tierra y yo mismo os la daré para que la poseáis, una tierra que mana leche y miel.' Yo soy el Señor vuestro Dios, que os he apartado de los pueblos" Levítico 20:24

"Si el Señor se agrada de nosotros, nos llevará a esa tierra y nos la dará; es una tierra que mana leche y miel" Números 14:8

"Y sucederá que cuando el Señor tu Dios te traiga a la tierra que juró a tus padres Abraham, Isaac y Jacob que te daría, una tierra con grandes y espléndidas ciudades que tú no edificaste" Deuteronomio 6:10

"Porque cuando yo los introduzca en la tierra que mana leche y miel, la cual juré a sus padres, y ellos coman y se sacien y prosperen, se volverán a otros dioses y los servirán, y me despreciarán y quebrantarán mi pacto" Deuteronomio 31:20

"Pues los hijos de Israel anduvieron por el desierto cuarenta años, hasta que pereció toda la nación, es decir, los hombres de guerra que salieron de Egipto, porque no escucharon la voz del Señor; a ellos el Señor les juró que no les permitiría ver la tierra que el Señor había jurado a sus padres que nos daría, una tierra que mana leche y miel" Josué 5:6

"Y el ángel del Señor subió de Gilgal a Boquim y dijo: Yo os saqué de Egipto y os conduje a la tierra que había prometido a vuestros padres y dije: Jamás quebrantaré mi pacto con vosotros" Jueces 2:1

Cuando me acuesto, me duermo enseguida, porque sólo tú, mi Dios, me das tranquilidad. Salmos 4:8

Yo me acuesto, y me duermo, y vuelvo a despertar, porque tú vigilas mi sueño. Salmos 3:5

Cuando siento miedo, confío en ti, mi Dios, y te alabo por tus promesas; Confío en ti, mi Dios, y ya no siento miedo. ¡Nadie podrá hacerme daño jamás! Salmos 56: 3-4

Sólo Dios me da tranquilidad; sólo él me da confianza. Sólo él me da su protección, sólo él puede salvarme; ¡jamás seré derrotado! Dios es mi salvador; Dios es mi motivo de orgullo; me protege y me llena de fuerza. ¡Dios es mi refugio! Salmos 62:5-7

Dios mío, tú has sido bueno conmigo; ya puedo dormir tranquilo.

Salmos 116:7

Querido jovencito, aprende a tomar buenas decisiones y piensa bien lo que haces. Hacerlo así te dará vida y los demás te admirarán. Andarás por la vida sin problemas ni tropiezos. Cuando te acuestes, podrás dormir tranquilo y sin preocupaciones. Proverbios 3:21-24

¡Tú guardarás en perfecta paz a todos los que confían en ti; a todos los que concentran en ti sus pensamientos! Isaías 26:3

No tengas miedo, porque yo estoy contigo; no te desalientes, porque yo soy tu Dios. Te daré fuerzas y te ayudare; te sostendré con mi mano derecha victoriosa. Isaías 41:10

¡Tú guardarás en perfecta paz a todos los que confían en ti; a todos los que concentran en ti sus pensamientos! Isaías 26:3

No se preocupen por nada. Más bien, oren y pídanle a Dios todo lo que necesiten, y sean agradecidos. Así Dios les dará su paz, esa paz que la gente de este mundo no alcanza a comprender, pero que protege el corazón y el entendimiento de los que ya son de Cristo. Filipenses 4:6-7 (TLA)

Andarás por la vida sin problemas ni tropiezos. Cuando te acuestes, podrás dormir tranquilo y sin preocupaciones. Proverbios 3:23-24

¡Tú guardarás en perfecta paz a todos los que confían en ti; a todos los que concentran en ti sus pensamientos! Isaías 26:3-4

No tengas miedo, porque yo estoy contigo; no te desalientes, porque yo soy tu Dios. Isaías 41:10

El Renacimiento y Fortalecimiento Espiritual

Dios nuestro padre celestial, por intermedio del mundo espiritual y de los hermanos que han ido llegando allá a la tierra, para ayudarlos en la búsqueda de su salvación, desea que entre los seres humanos haya un verdadero renacimiento y fortalecimiento espiritual, para que su estadía en la tierra sea radiante de amor, paz y prosperidad espiritual, para que puedan entrar definitivamente en armonía espiritual con el espacio infinito, ayudados y llevados de la mano de sus guías y custodios espirituales, para que tengan éxito en lo que se propongan hacer. Pero el desamor, el odio, el rencor, la envidia, la intolerancia no los deja alcanzar la gracia de Dios y la verdadera paz para el espíritu, ni el progreso espiritual que están buscando, por los vacíos espirituales que tienen los seres humanos, que cada día los hacen fracasar en sus proyectos de vida, por falta de fe en el Padre creador y en el mundo invisible que los acompaña cada día, ayudándolos para que se perdonen y se reconcilien, con sus hermanos encarnados o desencarnados, por el daño mutuo que se han venido haciendo de existencia en existencia y con el recíproco perdón, empiecen ya a tener éxito en lo que se propongan hacer y puedan congraciarse con nuestro Padre celestial, con sus hermanos encarnados y desencarnados, que les estaban cobrando una deuda del pasado, para seguir evolucionando espiritualmente y progresar en el amor al Padre creador y a tus hermanos sin ninguna excepción.
El amor es un atributo divino en el espíritu y llega con él a la vida material, para que lo irradien de primera mano a sus familiares, a sus amigos que se van encontrando en el camino, para ayudarse mutuamente a salir adelante

en sus proyectos y propósitos de vida; no dejen apagar por desidia esa llama de amor propio, que traen desde el espacio infinito. Dios siempre ha querido, que todos sus hijos sigan un camino lleno de amor, paz y prosperidad espiritual, pero están aletargados dejando perder la fortaleza espiritual con la que han llegado desde el mundo espiritual, llevándolos a caer fácilmente en la desgracia, trayéndoles infelicidad por unos momentos o por el resto de sus vidas.

Lastimosamente, los seres humanos están despertando del letargo espiritual en que están viviendo, cuando un evento de la naturaleza o del espacio infinito toca a las puertas de sus casas con las tragedias que les pueda causar un terremoto, un tsunami, una lluvia de meteoritos, de asteroides o cualquier otra desgracia que les pueda suceder, como la que están viviendo a finales del siglo 20 e inicios del siglo 21, con la pandemia originada por un virus, que bastante daño les está causando a los seres humanos, que los mantiene acorralados y en confinamiento en sus domicilios, con la pérdida de muchas vidas humanas y con la afectación de la economía en todo el mundo, para ahora sí, porque están asustados, recurrir a la oración por el temor y la presión espiritual que tienen, acordándose en esos momentos de la existencia de Dios en el espacio infinito y del mundo espiritual que los está acompañando cada día por intermedio de sus guías y protectores espirituales o de su ángel de la guarda, como lo quieran llamar; desafortunadamente para los seres humanos, por su descuido se han olvidado del Padre creador, es el primer contacto que deben tener en sus vidas, junto a la comunicación con el mundo espiritual. Es ilógico que se acuerden de Dios cuando ya una calamidad los ha tocado, esta es la única manera que desde el mundo espiritual los vemos unidos y comprometidos en la oración, clamando y pidiendo la ayuda celestial con todo su empeño, cuando ya la tragedia y el dolor han tocado a sus puertas y a sus corazones; acuden a Dios y al mundo espiritual, como su última esperanza de salvación. Cuando la conexión con el Padre creador debería de ser a todo momento a lo largo de sus existencias y no solo para cuando la desgracia los haya ya tocado o recaído sobre alguno de sus familiares causándole aflicción a sus espíritus endurecidos, que por cosas del destino, en la confección del proyecto que cada cual escogió para realizar durante su existencia terrenal, les tocó vivir estos momentos de tragedia y de dolor, porque su espíritu estaba inmerso en esta causa espiritual y tal vez estaban en la planilla de tener que partir, porque así lo habían pedido a los encargados de la vida, para su propia prueba y continuo aprendizaje en la búsqueda de su ascenso y progreso espiritual.

Acuérdense que nada es gratuito en la vida, ni mucho menos es casualidad; la casualidad no existe en ningún evento de la vida, ni del espacio infinito, todo va encajando perfectamente para que recuperen la armonía espiritual en el amor, con estos sucesos que traen recogimiento espiritual masivos para que ustedes, hermanos, en los momentos de dolor se unan en oración, pidiéndole al Padre creador para que cesen los infortunios que los están acosando en el día a día. La vida es de merecimiento y cada cual tiene lo que ha pedido y si es merecedor a que en un evento catastrófico pierda la vida, es porque el mismo así lo ha confeccionado, nada es gratuito en ningún acontecimiento de la vida, todo obedece a una ley de causa y efecto, el que hoy te está dando de comer ayer tú le calmaste su hambre, el que perdió la vida hoy por ti, ayer tú se la salvaste, todo evento de la vida ya está pago, solamente faltaba hacer el recorrido para recoger lo que ayer habían sembrado, ahora todos pueden vivir en paz y en armonía con el hermano que ayer les hizo daño en ese amor en busca de la luz.

En tiempos de crisis algunos saldrán ganadores y otros perdedores, como lo dicen de otra manera, en río revuelto la ganancia es de pescadores, hoy año 2020, por los duros momentos de dolor por los que está pasando la humanidad y el confinamiento que los ha aislado de la sociedad y de sus mismos familiares, hay un gran renacimiento y fortalecimiento espiritual entre los seres humanos. Han logrado entrar en comunión directa con el Padre creador y ponerse en armonía con sus hermanos y el espacio infinito; ya se van ganando unos espacios que se habían perdido y los hacía indolentes con sus hermanos desvalidos, se han podido ir dando cuenta de que no se necesitaron de las iglesias o de algún otro templo para el sano recogimiento espiritual, para poder pedirle con libertad al Padre creador que les colme sus necesidades. Ya están orando desde sus casas o desde cualquier otro lugar unidos en la fe y en el amor hacia sus hermanos, que están sufriendo de esta penosa enfermedad y pandemia, hoy han perdido los que así lo creen, porque tal vez perdieron dinero en sus negocios o a uno o varios de sus familiares que durante la pandemia fallecieron.

Hay mucho sufrimiento, dolor e incertidumbre por la indelicadeza de algunos seres humanos con sus hermanos de raza o de clase, que no les importó los daños que iban a causar a sus semejantes por el mal manejo y la orientación que dieron desde sus inicios frente a este virus, causante de los hechos de dolor que cada día los están enlutando más; tragedias que quedarán por siempre en la conciencia de los indolentes que causaron la propagación de este mal que está afligiendo a la humanidad entera, tal vez algunos en busca de llenar sus arcas de dinero, otros para satisfacer su ego, porque dicen ser poderosos y seres humanos notables, creyéndose ellos unos dioses que pueden intervenir en la creación la obra de Dios y alterarla a sus antojos. También lo están haciendo muchas veces con las guerras que están ocasionando y con muchas de las enfermedades que a menudo están apareciendo, ocasionadas por los residuos tóxicos y radiactivos que estas generan, quitando cada día vidas que son ajenas, en busca de mermar soterradamente la población mundial, como si a ellos les gustara vivir estos duros momentos que padecen los desprotegidos, porque mientras pasa la crisis, ellos tienen en donde resguardase del evento que han causado. Hoy tal vez es la vida de un desconocido, mañana puede ser la suya o la de alguno de sus familiares "No hagas a otro lo que no quieras te hagan a ti". Mateo 7-12.

Queremos decirles con esta tragedia que están viviendo: hoy todos han ganado, así algunos no crean que es así por el dolor que los consume por haber perdido a sus seres queridos, muy a pesar nuestro, porque se han perdido vidas humanas y se seguirán perdiendo, si le siguen dando a sus pacientes un tratamiento equivocado.

Hoy están vibrando en una mejor frecuencia espiritual, esperamos que sigan en esa frecuencia, no queremos que dicha vibración sea pasajera, trabajen para que todos los seres humanos eleven su conciencia y nivel espiritual, para que no sigan engañando a sus hermanos y sigan viviendo en el mundo de lo absurdo, en donde frotarse las manos con agua y jabón o alcohol, elimina un virus, no siendo así cuando te aplican la droga más potente y poderosa para combatirlo; perdone que se los digamos así, por lo inescrupulosos que son algunos seres humanos de los que los están rodeados, que están controvirtiendo la efectividad de muchas drogas para la salud, que pueden ayudar a paliar sus enfermedades, sea esta o sea otra, haciéndoles ver que las cosas no están funcionando, manipulando la información y lo que está sucediendo a su alrededor para infundirles miedo y terror, cuando está siendo lo contrario y lo están haciendo para imponer lo que ellos quieren, para salir beneficiados con el dolor ajeno. Cada cual es víctima de su propio miedo, sigan su camino con fe y dedicación y la ayuda de Dios y el mundo espiritual que los acompaña.

Los seres humanos cuando están buscando conseguir dinero con una mentira están ocultando una gran verdad; como se los dijimos anteriormente, hoy han ganado todos los seres humanos con este evento que les ha traído muerte y dolor, con esta calamidad recuperaron su nivel espiritual y se fortalecieron, ganó la madre tierra porque se está sanando de las heridas que le han causado los seres humanos por muchos siglos, ganó la madre naturaleza compuesta por lo que en ella se da, la flora, la fauna, los ríos y los mares, ganó igualmente el universo infinito, porque están corriendo mejores energías y están los seres humanos vibrando en una mejor frecuencia espiritual y se han puesto en armonía con el espacio infinito.

Sigan por este camino y en armonía espiritual con sus hermanos, con el universo, están a las puertas de dar un salto cuántico y pasar a otra dimensión, trabajen con amor y en unidad familiar para que lo puedan lograr, algunos se van a quedar por ser de espíritus endurecidos, por lo que les ha costado el aprendizaje, porque siguen obstinados en los bienes materiales y los placeres mundanos de la materia que los mantienen estancados.

Sigan en ascenso espiritual para que mañana ya estén en una quinta dimensión espiritual, trabajen siempre unidos, sin odio, sin rencor, sin rabia hacia tus semejantes, fundidos como hermanos en el amor incondicional; sus metas las podrán alcanzar sin ningún contratiempo y lograrán vivir en un mundo mucho mejor, sano y equitativo para todos los seres humanos, profesando la ley de amor, la ley de igualdad y la ley de la compensación. Adiós a los sufrimientos de la materia a causa de todas las necesidades, en un mundo cada día más espiritualizado.

Busquen hacer del mundo un espacio en donde todos vivan en igualdad de condiciones, para que todos tengan acceso a lo que desean tener, porque ya no habrá odio, envidia, rencor, todos trabajarán en el amor incondicional desde la primera infancia y crecerán con buenos valores morales, ya no habrá quien los esté asechando para hacerles daño o hacerlos caer en la desgracia, porque todos sentirán el dolor ajeno y la necesidad de cuidarse los unos a los otros, trabajen cogidos de la mano para que todo les salga mejor, no bajen los brazos para que alcancen la gracia de Dios.

Tras los avances de la ciencia, la tecnología y los efectos de la era aeroespacial, cada día más algunos seres humanos que lideran y trabajan en estos proyectos se creen unos pequeños dioses en el pequeño mundo que ellos han formado, de tal modo que han ido perdiendo, la fe en Dios la humildad y el amor hacia el prójimo. A este lo han relegado para poder hacerle daño, algunos presuntos dioses que viven del dolor ajeno no les da por mejorar su postura irracional hacía las personas que los rodean, y lo están haciendo con la convicción de que la vida es una sola, y la siguen disfrutando a su manera y sin ningún temor a algo que los haga desistir y los lleve a vivir de una vida moderada. Ellos creen que después de la muerte no se sigue nada, por eso atropellan a su semejante y hacen daños por doquier, ya les llegará a ellos su momento de entrar en reflexión, cuando una calamidad les toque su corazón los haga doblegar y sea la aflicción de su espíritu, para que les sirva de experiencia en su aprendizaje y recuperen la espiritualidad perdida.

Los seres humanos que están vibrando en baja frecuencia espiritual, porque ellos no han tenido éxito en lo que hacen y están heridos en su honor, siempre van a estar allí pendientes esperando el error y la caída, del ser que esta triunfando y teniendo éxito, para demeritar su labor en una típica demostración de pobreza espiritual, porque ellos viven de su fracaso y del pequeño error de su hermano y del dolor ajeno.

El padre creador les cicatrice sus heridas, para que no sigan sufriendo por ellas y los lleve también a tener éxito en lo que van hacer.

Algunas Frases del Maestro Jesús

"Porque Dios amó tanto al mundo que dio a su Hijo unigénito, para que todo el que cree en él no perezca, sino que tenga vida eterna" Dios envió a su hijo al mundo, no para juzgar al mundo, si no para salvar al mundo por medio de él. Juan 3: 16-17.

"¡Ama a tus enemigos! reza por aquellos que te persiguen! De esa manera, actuarás como verdaderos hijos de tu Padre en el cielo. Porque él da su luz del sol tanto a los malos como a los buenos, y él envía lluvia sobre los justos y los injustos por igual" Mateo 5: 43-47

"Y entonces te digo, sigue preguntando, y recibirás lo que pides. Sigue buscando y hallarás. Sigue tocando, y la puerta se abrirá para ti. Para todos los que pregunta, recibe. Todo el que busca, encuentra. Y a todos los que toquen, la puerta se abrirá" Lucas 11: 9-10.

"Para el hombre esto es imposible, pero para Dios todo es posible" Mateo 19:26.

"Bienaventurados los perseguidos a causa de la justicia, porque de ellos es el reino de los cielos" Mateo 5:10.

"Mis ovejas oyen mi voz, y yo las conozco, y ellas me siguen; y les doy la vida eterna; y nunca perecerán, ni nadie los arrebatará de mi mano. Mi Padre, que me los dio, es más grande que todos; y ningún hombre puede arrancarlos de la mano de mi Padre. Yo y mi Padre somos uno" Juan 10: 27-30.

"Quien quiera ser un líder entre ustedes debe ser su servidor, y quien quiera ser el primero entre ustedes debe ser el esclavo de todos los demás. Porque el Hijo del hombre no vino para ser servido, sino para servir a los demás y para dar su vida en rescate por muchos" Marcos 10: 42-45.

"A menos que un hombre nazca de nuevo, no puede ver el reino de Dios" Juan 3: 3.

"Jesús le dijo: Yo soy el camino, y la verdad, y la vida; nadie viene al Padre, sino por mí" Juan 14: 6.

"Más buscad primeramente el reino de Dios y su justicia; y todas estas cosas te serán añadidas" Mateo 6:33.

"Deja que tu luz brille ante los hombres, para que vean tus buenas obras y glorifiquen a tu Padre que está en los cielos". Mateo 5:16.

"Porque el que hace la voluntad de mi Padre que está en los cielos es mi hermano, mi hermana y mi madre" Mateo 12:50.

"El ladrón no viene sino para hurtar, matar y destruir; yo he venido para que tengan vida, y para que la tengan en abundancia". Yo soy el buen pastor: el buen pastor da su vida por las ovejas" Juan 10: 10-11.

"Te he dicho estas cosas, para que en mí puedas tener paz. En este mundo tendrás problemas. ¡Pero anímate! Yo he vencido al mundo" Juan 16:33.

"Porque los que se ensalzan a sí mismos serán humillados, y los que se humillan a sí mismos serán enaltecidos" Mateo 23:12.

"Debes amar al Señor tu Dios con todo tu corazón, con toda tu alma y con toda tu mente". Este es el primer y más grande mandamiento. Un segundo es igualmente importante: "Ama a tu prójimo como a ti mismo" Toda la ley y todas las demandas de los profetas se basan en estos dos mandamientos" Mateo 22:36-40.

"Ven, sígueme y te enviaré a pescar para las personas" Mateo 4:19.

"No te preocupes por el mañana, porque mañana traerá sus propias preocupaciones. El problema de hoy es suficiente para hoy" Mateo 6:34.

"Lo has dicho. Y en el futuro, verán al Hijo del Hombre sentado en el lugar de poder a la diestra de Dios y viniendo sobre las nubes del cielo" Mateo 26:63-64.

"Si alguno de ustedes quiere ser mi seguidor, debe apartarse de sus caminos egoístas, tomar su cruz y seguirme. Si intenta aferrarse a su vida, la perderá. Pero si renuncias a tu vida por mi bien y por el por el bien de las buenas nuevas, las salvarás" Marcos 8:34-35.

"Cualquiera que bebiere de esta agua, volverá a tener sed; mas el que bebiere del agua que yo le daré, no tendrá sed jamás; pero el agua que yo le daré será en él una fuente de agua que saltará a la vida eterna" Juan 4:13-14.

"¡La paz sea con vosotros! Como el Padre me envió, te envío". Juan 20:21.

"Lo que sea que pidas en oración, cree que lo has recibido, y será tuyo. Y cuando estés orando, si tienes algo contra alguien, perdónalos, para que tu Padre que está en los cielos te perdone tus pecados" Marcos 11:24-25.

"¿Qué piensas? Si un hombre posee cien ovejas, y una de ellas se aleja, ¿no dejará las noventa y nueve en las colinas e irá a buscar a la que se fue? Y si lo encuentra, realmente te digo, él está más feliz con esa oveja que con las noventa y nueve que no se vagaron. De la misma manera, tu Padre que está en los cielos no está dispuesto a que ninguno de estos pequeños perezca" Mateo 18:12-14.

"Haz a los demás lo que quieras que te hagan a ti. Esta es la esencia de todo lo que se enseña en la ley y en los profetas". Mateo 7:1.

"Bienaventurado eres cuando la gente te insulta, te persigue y dice falsamente todo tipo de mal contra ti por mi culpa. Alégrate y alégrate, porque grande es tu recompensa en el cielo, porque de la misma manera persiguieron a los profetas que fueron antes de ti". Mateo 5:11-12.

"Los que están completos no necesitan un médico; sino los que están enfermos. No vine a llamar a los justos, sino a los pecadores al arrepentimiento" Lucas 5:31-32.

"La cosecha es abundante, pero los obreros son pocos" Mateo 9:37.

"Porque mi yugo es fácil y mi carga es liviana". Mateo 11:30.

"Porque el Hijo del hombre no vino para ser servido, sino para servir, y para dar su vida en rescate por muchos" Marcos 10:45.

"¿Qué te beneficias si ganas todo el mundo, pero pierdes tu propia alma? ¿Hay algo que valga más que tu alma? Si alguien se avergüenza de mí y de mi mensaje en estos días adúlteros y pecaminosos, el Hijo del Hombre se avergonzará de esa persona cuando regrese en la gloria de su Padre con los santos ángeles". Marcos 8:36-38.

"Dejen que los niños vengan a mí, y no los estorben, porque el reino de los cielos es de los que son como ellos" Mateo 19:14.

"Mi reino no es un reino terrenal. Si lo fuera, mis seguidores lucharían para evitar que me entreguen a los líderes judíos. Pero mi Reino no es de este mundo" Juan 18:36.

"De la misma manera, deja que tu luz brille ante los demás, para que puedan ver tus buenas obras y glorificar a tu Padre que está en los cielos" Mateo 5:16.

"Que el Dios que da fortaleza y aliento les dé un espíritu de unidad entre ustedes al seguir a Cristo Jesús, para que con un solo corazón y la boca glorifiquen al Dios y Padre de nuestro Señor Jesucristo" Romanos 15:5.

"El Señor cumplirá su propósito para mí; tu amor, oh Señor, permanece para siempre; no abandones las obras de tus manos" . Salmos 138:8.

Tomado de fuentes libres de internet: https://www.ectvplaymag.com/70-frases-y-ensenanzas-poderosas-de-jesus/

Notas del Autor

Gracias Padre Celestial por haberme dado la oportunidad y la responsabilidad de escribir estas líneas y hacerme parte de este libro con la ayuda del mundo espiritual, la del maestro ONHIRIS, la de mis guías y protectores espirituales sin aun merecerlo, porque yo también te he faltado señor, soy un ser humano, gracias por todos los mensajes de amor, que nos envían desde allá desde la inmensidad del universo a todos los seres humanos, a cada momento e instantes de nuestras vidas, para fortalecernos y enriquecer nuestros espíritus; gracias a tu misericordia señor, los que hemos podido ir naciendo, tenemos "LA LUZ DE LA ESPERANZA". De ponernos en paz con nuestros hermanos en el amor incondicional hacia el prójimo, cada día vamos logrando tener un mejor y nuevo amanecer, con los consejos que nos dan cada mañana, día y noche desde el mundo espiritual para seguir ascendiendo fortalecidos, guiados de la mano de nuestros guías y amigos espirituales, que nos acompañan para ayudarnos a construir un mundo mucho mejor, para los que estamos aquí y los que van llegando en una lógica renovación generacional.

No tengo palabras para agradecerles nuevamente a todos los que me inspiraron espiritualmente para que pudiera escribir esta obra. Dios los ilumine y les siga dando sabiduría para que nos sigan guiando en este tortuoso camino que hay que recorrer para llegar a la luz y tener la esperanza de que mañana al despertarnos será un día mejor y lleno de oportunidades, para todos nuestros hermanos espirituales y materiales; muchas gracias a las personas que leyeron de primera mano este libro, me ayudaron con su opinión y asesoraron, impulsándome a seguir adelante en la dispendiosa tarea de terminar el libro "LA LUZ DE LA ESPERANZA UN

NUEVO AMANECER. LA TIERRA PROMETIDA". Dios los bendiga. A mis hijos Faisury, Fainer, Luis Anderson, a mis nietos Thiago, Luciana, Luan y a mis demás familiares en general por el apoyo que me dieron, gracias a la hermana Teresa Pabón, por vislumbrar con sus facultades espirituales esta nueva obra, indicándome que el primer libro no se iba a quedar allí, diciéndome de este libro sigue algo más y me dio ánimo de empezar este nuevo proyecto, que en algún momento dude hacer por todo lo que me demoré con el libro anterior "Diga no al aborto un acto de reflexión". La luz de la esperanza". Gracias Padre Celestial por seguirnos dando tu ayuda desdé el espacio infinito, con el auxilio de mis guías y protectores espirituales, he logrado salir adelante con esta obra "LA LUZ DE LA ESPERANZA UN NUEVO AMANECER", a pesar de que fuerzas de baja vibración espiritual ajenas a mi voluntad arroparon a mi esposa y se unieron a sus seres queridos para mantenerme preocupado y perturbarme la paz espiritual. En esos momentos en que más necesitaba de concentración para escribir me atacaron por el lado más débil y creyeron que agrediendo a mi esposa, para que me atacara con sus palabras tal vez para ofenderme, y la conspiración de sus allegados, me iban a mantener entretenido y pensativo, con las malas energías que ellos nos irradiaron para hacerme desistir de escribir esta maravillosa obra. Gracias Padre Celestial por haberme llevado de tu mano y darme la fortaleza necesaria, a pesar de la circunstancia que estoy viviendo en estos momentos; posteriormente mis guías y protectores espirituales y los guías mentores del libro me indicaron lastimosamente que fue así diciéndome "hermano, nosotros lo necesitábamos aislado" por los momentos de tensión que yo estaba viviendo dentro de mi grupo familiar, para que me concentrara en la obra que ellos me estaban dictando. Todo esto por los vacíos espirituales que tienen algunas personas cuyo canal mantienen abierto para que, en cualquier momento, una mala energía los arrope y sea la causa de perturbación espiritual para cualquier proyecto. Tal vez algunos saldrán perdedores, pero estamos convencidos de que no será así, esa no es la voluntad de nuestro Padre Celestial. En estos momentos están ganando los potenciales lectores que va a tener alrededor del mundo esta obra, todos saldrán ganadores de una forma o de otra, siempre y cuando sus espíritus lo quieran reconocer a pesar de las adversidades que están viviendo, unos aprenderán a ser humildes, otros a ser castos en sus palabras para no ofender a su semejante, mientras otros se darán cuenta que muchas veces creen estar haciendo un bien y están haciendo un daño a futuro. El amor de Dios es inmenso para con sus hijos, cabe en estos apartes el dicho y refrán muy popular "No hay mal que por bien no venga". Si no hubiera sido por la protección espiritual, esta obra no la hubiera terminado entre el domingo 12 de abril y septiembre 30 de 2020, por las instrucciones que me dieron para iniciarla ese día con la siguiente indicación: "con esta obra no se va a demorar cinco años como se demoró con "Diga no al aborto un acto de reflexión" La Luz de la esperanza, la necesitamos lo más rápido posible" y me direccionaron a escribirla en mi celular y a enviarla a mi correo electrónico para mantenerla a salvo, porque el celular se me podía perder con lo que había escrito del libro. Ahora mismo me sugirieron seguir derecho con otro nuevo libro, La tierra prometida la casa es de todos, espero que nuestro Padre Celestial me envíe con su inmenso poder la ayuda y la asistencia espiritual necesaria para sacar este nuevo proyecto a la luz.

Gracias Padre Celestial por la familia que me has dado, mis hijos Faisury, Fainer, Luis y mis nietos Thiago, Luciana y Luan, ellos hacen parte de una nueva generación de espíritus y llegaron a la vida, con la Luz de la esperanza para los que ya habíamos nacido y antecedimos sus nacimientos, ilumínalos señor para que sigan por el camino de la luz y de la verdad y puedan terminar con la obra y la misión por la que nacieron, permite Padre creador que a nuestro plano tierra sigan llegando nuevos mensajeros para que continúen orientándonos y nos den esa luz de la esperanza para los que están extraviados en el camino y quieren encontrar la luz de la mano amiga que los va a guiar, amén.

Ilumínanos con la luz de la esperanza para que podamos hacer de nuestro hábitat la tierra prometida. Amén, mil gracias Padre Celestial por ayudarnos, para que haya paz entre todos los seres que estamos habitando la tierra, Señor, seguimos contando con tu bendición para seguir avanzando en nuestra vida terrena y en el plano espiritual cuando nos toque llegar allá; protégenos hoy, mañana y siempre de cualquier eventualidad que nos pueda hacer daño y borrar nuestra existencia de la tierra, si no le prestamos debida atención a las recomendaciones de nuestros hermanos mayores. Gracias a las personas que creyeron en este nuevo proyecto y en todo lo que me pasó recibiendo las instrucciones para escribirlo; desde que lo inicié quisieron perturbar mi paz espiritual atacando a mi ser querido esposa y compañera, no pudieron distraerme por la protección de nuestros hermanos mayores. Dios proveerá, Él tiene el control de mi vida, en Él confío plenamente y es Él el que tiene la última palabra con mi relación y la acataré, porque sus designios son perfectos y no desea nada malo para alguno de sus hijos. Gracias Padre Celestial por tu ayuda y permitirme dejar otro legado, para que todos los seres humanos nos guiemos y podamos salir adelante, no me cansaré de agradecerte Señor.

Por JAIME TORIJANO ESCOBAR

jaitoes1@hotmail.com
jaitoes3@gmail.com

Biografía

Jaime Torijano Escobar nació en Santiago de Cali, un domingo 30 de octubre de 1955 de la unión del señor Benjamín Torijano Castillo con la señora Bernardina Escobar Ambuila Q.E.P.D. Soy el mayor de siete hermanos, tres de ellos ya fallecidos, padre de tres hijos, Faisury, Fainer y Luis Anderson y abuelo de tres nietos, Thiago, Luciana y Luan. Desde mi infancia crecí con la visión de ver más allá de lo que no pueden ver mis ojos, tratando de comprender qué pasa después de la vida. Soy autodidacta espiritual de la Ciencia luz y verdad y hoy por mi intermedio Dios ha hecho llegar esta obra a la humanidad. Gracias Padre Celestial por haberme dado tanta responsabilidad y permitido escribir esta nueva obra con la ayuda del mundo espiritual y la ayuda del maestro "ONHIRIS". Abril 12. septiembre 30 de 2020.

jaitoes1@hotmail.com
jaitoes3@gmail.com